ANGE YES
EXIT
CAT
SEX
TOM CAT COC.

BANANA FISH
ANOTHER STORY

小学館文庫

吉田秋生

目次

――BANANA FISH ANOTHER STORY

パパ
32 THE WALL STREET JOURNAL MONDAY
In 1988

お休《やす》みのところ申《もう》し訳《わけ》ありません
実《じつ》は――
………
いかがいたしましょう
すぐ釈放《しゃくほう》の手続《てつづ》きを?
…バカな奴《やつ》だ
しばらく姿《すがた》を見《み》せんと思《おも》ったら
――そんな面倒《めんどう》を起《お》こしていたとはな

いい薬《くすり》だ
放《ほう》っておけ
はあ
しかし
このままでは
少年刑務所《しょうねんけいむしょ》に――
出《だ》してやることは
いつでもできる
それでつぶされるなら
しょせん それだけの器《うつわ》
だったということだ
それより18日《にち》の
カーネギーを
予約《よやく》しておいてくれ
は…
オザワが
ニューヨーク・
フィルを
振《ふ》るそうだ

――姉《ねえ》さん
手紙《てがみ》と差《さ》し入《い》れ ありがとう
面会《めんかい》の件《けん》だけど やっぱり
危《あぶ》ないから やめたほうがいい
あと2か月《げつ》もしたら
出《で》られるんだし
ODFORD
JUVENILE CORRECTIONAL
FACILITY
大丈夫《だいじょうぶ》 こっちは
なんとかやってるよ
心配《しんぱい》しないで――
ショーター――！
ショーター・ウォン！
へっ

なんスかァ?
A棟《エーとう》に新入《しんい》りだ!
ちょっと来《き》てくれ
へ――イ今行《いまい》きます
P.S.《ピーエス》
バナナ・プディング
うまかったです…と
ちょっとモンダイがあってな
モンダイ!?
そんな凶暴《きょうぼう》なヤツなんスか?
まあ見《み》りゃわかる
KEEP LINE
アッシュ・リンクス!
こっちへ来《こ》い
そいつは
たっぷり10秒間《びょうかん》おれたちを見《み》つめ――

ゆっくりと近《ちか》づいてきて
3M《メートル》の距離《きょり》を残《のこ》して
止《と》まった
何《なに》かあっても———
対応《たいおう》できる距離《きょり》だ
それが奴《やつ》との
初対面《しょたいめん》だった
細《ほそ》い手足《てあし》
きゃしゃな
身体《からだ》つき
そして細《ほそ》い首《くび》の上《うえ》には
恐《おそ》ろしく
きれいな顔《かお》が
のっかっていた

なるほどこりゃあ大問題《だいもんだい》だ
よォ…
…………
ちょっといいスか？
ン？
ありゃあマズイすよ
ああいうのはなんとか理由《りゆう》つけて隔離病棟《かくりびょうとう》へでも送《おく》ったほうが……
あいにくそっちは満《まん》パイだよ
正真正銘《しょうしんしょうめい》のイカレた連中《れんちゅう》でな
だけどあいつを雑居棟《ざっきょとう》に入《い》れたらどうなるかはわかるでしょ？
狼《おおかみ》のオリにウサギを放《ほう》りこむよーなもんでしょーが！
だからおまえンとこに入《い》れるんじゃねーか
A《エー》棟《とう》は一番《いちばん》もめごとが少《すく》ないからな

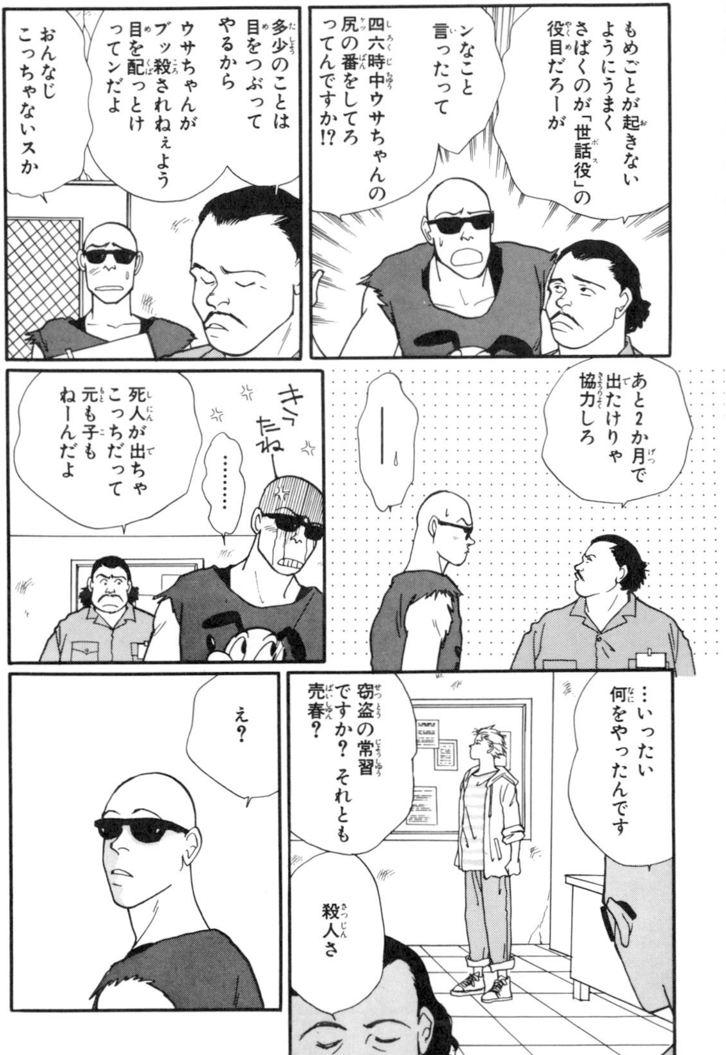
もめごとが起《お》きないようにうまくさばくのが「世話役《ボス》」の役目《やくめ》だろーが
ンなこと言《い》ったって
四六時中《しろくじちゅう》ウサちゃんの尻《ケツ》の番《ばん》をしてろってんですか!?
多少《たしょう》のことは目《め》をつぶってやるから
ウサちゃんがブッ殺《ころ》されねぇよう目《め》を配《くば》っとけってンだよ
おんなじこっちゃないスか
あと2か月《げつ》で出《で》たけりゃ協力《きょうりょく》しろ
ー
キたね
……
死人《しにん》が出《で》ちゃこっちだって元《もと》も子《こ》もねーんだよ
…いったい何《なに》をやったんです
窃盗《せっとう》の常習《じょうしゅう》ですか? それとも売春《ばいしゅん》?
殺人《さつじん》さ
え?

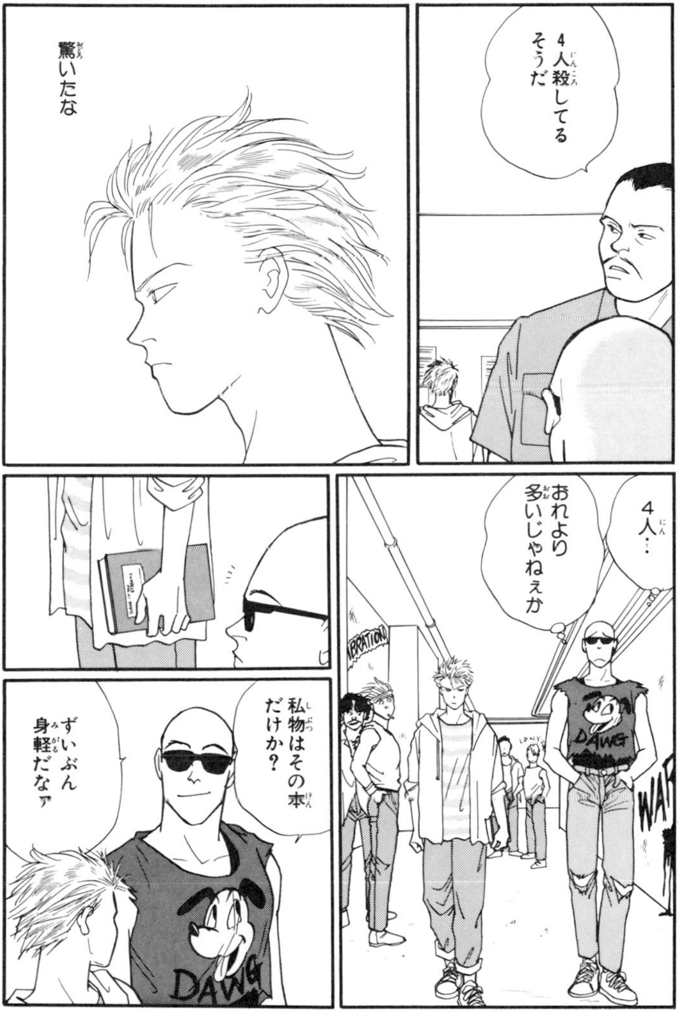
4人殺《じんごろ》してるそうだ
驚《おどろ》いたな
4人《にん》・・・
おれより多《おお》いじゃねえか
私物《しぶつ》はその本《ほん》だけか？
ずいぶん身軽《みがる》だなァ
DAWG
BRATION
WAR
DAWG

……
じろ
まー
ブあいそなヤツ
あっちが娯楽室《ごらくしつ》
その扉《とびら》の奥《おく》がジムとシャワー・ルームだ
HAVE FUN!
15歳《さい》——ということだが
とてもそうは見《み》えない
工作《こうさく》作業室《さぎょうしつ》と図書室《としょしつ》はあとで案内《あんない》してやるよ
細《ほそ》い首《くび》も肩《かた》もひどく幼《おさな》く————痛々《いたいた》しくすらある
美少年《びしょうねん》というより
ボーイッシュな美少女《びしょうじょ》のようだ
ヒュ
ようショーター
その娘《こ》新入《しんい》りかァ？
おー——っ
たいした美人《シャン》だぜ！
Rolling

おい妙《みょう》な気《き》を起《お》こすんじゃねーぜ
騒《さわ》ぎはゴメンだからな!
——と言《い》ってもムリか
♪
ピューッ
あーーアタマ痛《いた》いぜ
で ここが食堂《エサ場》だ
朝食《ちょうしょく》は7:30
昼食《ちゅうしょく》は12:00
夕食《ゆうしょく》は6:00
ただし急《いそ》いでがっつくなよゴキブリが入《はい》ってることがあるからな
何《なに》か質問《しつもん》は?
そのアタマ

ハゲてンの？
そってンの？
初《はじ》めて聞《き》いた
奴《やつ》の声《こえ》は
これはね
のばしてンの
変声《へんせい》したてという
感《かん》じのハスキー・
ヴォイスだった
1セントハゲが
3つもできて
そっちゃったんだ
けどね――
もうそろそろ
のばそーかなと
思《おも》って
昨日《きのう》から
のばしはじめた
…………
顔《かお》に似《に》あわず
けっこーな性格《せいかく》
だというのも
よ―――くわかった

そら
ここだ
下《した》を使《つか》いな
机《つくえ》はあっちを
でルーム・メイトはおれだ ショーター! ウォンていう
よろしくな ショーターでいいぜ
…あんたが?
そーそ――
一応《いちおう》「世話役《せわやく》」ってことになってるから わかんねーことがあったら聞《き》いてくれ
………

んっ
？
ちょっとうつむいた時《とき》のこの表情《かお》——確《たし》かどっかで…
おまえ——どっかで会《あ》ったことないか？
知《し》らないよ
会《あ》ってたら覚《おぼ》えてるよ
そのつるっぱげ
つるっぱげ
ヒッドーーイ!!!
そんなヒドイこと今《いま》まで誰《だれ》も言《い》わなかったぞ！
なんてニクッタラシ——んだ！

なんだこりゃ
ゲロか？
……ったく人間《にんげん》の食《く》いモンじゃねーな
ここに来《く》るはずの金《かね》が誰《だれ》かさんのふところに潜《もぐ》り込《こ》んじまったんだろうさ
アッシュ！
こっちだ！
はじめの1週間《しゅうかん》は
とにかく無事《ぶじ》にすんだ
FlYing Banana
シャワールームでのなめまわすような視線《しせん》や
あからさまなヒワイなからかいにも
奴《やつ》はまったく動《どう》じなかつた

にこりともしない
かわりに
おびえもせず
感情《かんじょう》がないのかと
疑《うたが》いたくなる
ポーカーフェイスで
奴《やつ》は完全《かんぜん》に周囲《しゅうい》を
無視《むし》した
Flying Banana
4人殺《にんころ》してるそうだ
とてもそんな
ふうには
見《み》えねえ
よなア…
そばかすひとつない肌《はだ》
灰色《はいいろ》がかった金髪《アッシュ・ブロンド》
意志《いし》の強《つよ》そうな
うすい唇《くちびる》

そして何《なに》より
印象的《いんしょうてき》な
かっきりと弧《こ》を描《えが》く
きつい眉《まゆ》の下《した》の
緑色《みどりいろ》の瞳《ひとみ》――
まったくよく
デキてやがるぜ
おれ そっちの気《ケ》は
ねえはずなんだけど
こうキレイだと…
やっぱ
見《み》とれちゃうなァ
でも こいつ――
ぜったいどこかで会《あ》った
気《き》がすんだけど…
ドッ
よォ

もう慣《な》れたか ここの生活《せいかつ》は
え? かわいいコちゃん
あ…
あっちゃー マズイな
もーお約束《やくそく》のようにウサちゃんに目《め》がねえんだ このヤローは
おい ディッキー――
そいつまだ ほんのコドモなんだから
妙《みょう》なちょっかい出《だ》すなよな 第一《だいいち》ここはおまえの縄《なわ》バリじゃねーだろ
いーじゃねーかよ 仲良《なかよ》くしたってなァ?
CHU CHU♥
ディッキー!!
おい "チンポコ《ディック》"野郎《やろう》
…

うす汚《ぎたな》い手《て》で
人《ひと》の女《おんな》にさわるな
なんだと…
こいつがおまえの女《おんな》だと?
いつからそういうことになったんだよ
たった今《いま》さ
おれがそう決《き》めたんだ
とっとと失《う》せろ!
何《なに》ィ!?

やめろ2人《ふたり》とも!!
おまえにゃ関係《かんけい》ねえぜウォン!
そうはいくか!!
メシの最中《さいちゅう》だぞ!!
おとなしくエサを食《く》え!!
こんな所《とこ》で騒《さわ》ぎを起《お》こす気《き》なら——
おれが相手《あいて》になるぜフラワー!!

ズッ
Flying Banana
あ あれ
わかったよ…
今日《きょう》はおまえの顔《かお》を立《た》てるぜ ショーター――
WE ARE
おまえもB棟《ビーとう》へ帰《かえ》れ ディッキー――!
メシは自分《じぶん》の棟《とう》で食《く》うのが決《き》まりだろーが!!
…ふん
――つたく 言《い》わんこっちゃねえ

あ あれ？
あいつは？
出《で》てっちゃったぜ
ええ――っ!?
たいした タマだぜよ
自分《じぶん》が 原因《げんいん》だってのに
まー 神経《しんけい》が 太《ふと》いってぇか ドンカン てぇか
…うす気味《きみ》の 悪《わる》いやつだな
あの緑色《みどりいろ》の目《め》さ
ありゃ “邪眼《エヴィル・アイ》”だぜ
ハハハハ また何《なに》言《い》い出《だ》す のかと思《おも》ったら
おまえの ヨタ話《ばなし》は たくさんだぜョ ニコ
おれのバァさんが 小娘《こむすめ》だった頃《ころ》 村《むら》に1人《ひとり》の女《おんな》が やってきてさ
緑色《みどりいろ》の目《め》を した そりゃあ きれいな女《おんな》 だったそうだぜ

村《むら》の男《おとこ》たちは その女《おんな》に夢中《むちゅう》になり
女《おんな》を奪《うば》いあって 殺《ころ》しあいをはじめた
そして男《おとこ》たちの すべてが死《し》に絶《た》えた あと――
嵐《あらし》の中《なか》で 女《おんな》が笑《わら》っていた
その目《め》は 血《ち》のような赤《あか》い色《いろ》に かわっていて
そいつは 悪魔《あくま》だったのさ
あれは悪魔《あくま》の目《め》だ

よォ
よく本《ほん》読《よ》むなァ
おれはどうして
こいつに
かまうのか
一日中《いちにちじゅう》 本《ほん》
読《よ》んでんじゃ
ねーか
それ ここに
来《き》た時《とき》 持《も》ってた
やつだろ?
もうなんべんも
読《よ》んでるみたい
じゃないか
"海流の中の島々《アイランズ・イン・ザ・ストリーム》"
本能《ほんのう》が
"放《ほう》っておけ"と
命令《めいれい》するのに
ヘミングウェイ
好《す》きなのか?
…別《べつ》に
この目《め》だ
確《たし》かにこの目《め》は
どこかで見覚《みおぼ》えがある

…あんたは
ここの「実力者《じつりょくしゃ》」ってわけ？
CAT
ン？
あのハゲはあんたのハゲ仲間《なかま》か？
いっ!?フラワーのことか!?
冗談《じょうだん》じゃねーよ！あいつらはスキンヘッズ！
おれのはそってるだけ！
わかる？
ハゲもナンポコ野郎《やろう》もあんたには一日《いちもく》おいてた
すごいんだな
そーいうわけでもねぇよ
どす
入《はい》ったばかりの頃《ころ》フラワーのやつにカマほられそうになってさ――
テイコーしたら勝《か》っちゃったのョ あの頃《ころ》はまだ毛《け》があったからなァ
CAT
馬鹿野郎
…まったくおれみたいなチンケな面《ツラ》の奴《やつ》にまで手《て》ェ出《だ》すんだから
おまえは苦労《くろう》だなァ

まァ男《おとこ》ばっかだからなァ しょーがねぇのかな――
そうかァ?
違《ちが》うね
奴《やつ》らが レイプするのは
女《おんな》に飢《う》えてる からじゃない
痛《いた》めつけたい からだ
自分《じぶん》の力《ちから》を 誇示《こじ》して
服従《ふくじゅう》させる ためだ
――この目《め》のために
おれは「本能《ほんのう》の声《こえ》」を 無視《むし》して こいつをかまってしまう

まるで
なつかないネコを
なつかせようとするように
弱《よわ》い者《もの》は
さらに弱《よわ》い者《もの》を
見《み》つけて
痛《いた》めつける
食物連鎖《しょくもつれんさ》の
最後《さいご》がおれって
ことなんだろ
……そこまで
わかってるんなら
今《いま》さら
言《い》うことでも
ないが…

気《き》をつけろよ
ディッキーとフラワーはおまえを狙《ねら》ってる
もし奴《やつ》らに襲《おそ》われても誰《だれ》も助《たす》けてはやれねぇ
——おれでもだ
ここじゃ弱《よわ》い者《もの》にチャンスはない
自分《じぶん》の身《み》は自分《じぶん》で守《まも》るしかねぇんだ
人気《ひとけ》のない所《とこ》へはなるべく行《い》くな
それでも——奴《やつ》らに襲《おそ》われたら
おれはひどいことを言《い》ってる
ヘタに抵抗《ていこう》はするな
なるべく声《こえ》をたてるな
悲鳴《ひめい》をあげたりすれば奴《やつ》らはおもしろがってエスカレートする
生《い》きのびるために——奴《やつ》らのおもちゃになれと言《い》ってる

——ご忠告《ちゅうこく》ありがとう
そして奴《やつ》の目《め》は
肝《きも》に銘《めい》じておくよ
何《なに》もできずする気《き》もないならえらそうなことを言《い》うな——と言《い》っていた
あいつは
もうずっと以前《いぜん》からそういう思《おも》いをしてきたのだ

人《ひと》を信《しん》じず
よせつけなくなるのも
無理《むり》はない
FREE!
CLUB
こりゃあ
ひと雨《あめ》来《く》るな
ゴロ
ゴロゴロゴロ
ゴロゴロゴロ
Yo-Hoo
Fools!

たーーー大変《たいへん》だ!!
どこだ!!
娯楽室《ごらくしつ》!!
フラワーとディックがチビを取《と》りあって…!
B棟《ビーとう》の奴《やつ》らも入《い》り乱《みだ》れてもうムチャクチャだ!

フラワーそこだ!!
やったな てめぇ
!
やっちまえっ!!
B棟《ビーとう》のマヌケに負《ま》けるなあ!
ピーッ
もっとやれーっ
やめろっ 2人《ふたり》とも!!

何《なに》してるんだ いったい！
FUCK YOU
騒《さわ》ぎを起《お》こすなと言《い》ったろう！
ひっこんでろ ウォン
おれたちゃ別《べつ》に殺《ころ》しあいをしてる訳《わけ》じゃねーぞ！
そうさ
単《たん》なる〝エクササイズ〟さ 余計《よけい》な口《くち》出《だ》すな
そうだ ほっとけ!!
ピーーッ
………
やらせとけよ ショーター!! カンケーねぇだろ！
がんばれよォ ディッキーおまえが勝《か》てばチビはB棟《ビーとう》のもんだァ！
BOW-WOW
ふざけんな
放《はな》してやれ！
大事《だいじ》な女《おんな》ならもっと丁寧《ていねい》に扱《あつか》ったらどうだ！
………

なんて冷《つめ》たい目《め》だ
なんの感情《かんじょう》も読《よ》みとれない
氷《こおり》のように凍《い》てついた目《め》…
いいぞォ フラワー!!
はっ
やったあ!
……
フラワーの勝《か》ちだァ!
B棟《ビーとう》のバカども出《で》てけぇ!
うるせぇ!
こっちへ来《こ》い チビ
ゴロゴロゴロ
ゴロゴロゴロ

…ショーター──
えっ
もしおれがあいつと戦《たたか》って勝《か》ったら
あいつのものにならなくてすむ？
!
なんだって？
ザワ
ふざけんな
Love Toky
WOLF
あんだァ？
ここのナビおもしれーじゃねぇかよォ
ギャハハハ
ぷ
TONY
どういうつもりだ!?

フラワー
相手《あいて》してやれよォ
ピ———ッ
そうだ チビにも
チャンスをやれ！
ショーター
ほっといて
いいのかよ
チビの奴《やつ》———
ヘタすると
輪姦《まわ》されちまうぜ
………
なぜ
あの時《とき》
止《と》めなかったのか
——今《いま》でも
わからない
ショーター？
ふざけ
ハンディを
つけてやれよォ
武器《ぶき》をやれ！
そらチビ
こいつを
使《つか》いな！
カラン
カラカラ
なぶるように
投《な》げだされた
ビリヤードのキューを
奴《やつ》はポーカーフェイスのまま
拾《ひろ》いあげた

さあ 来《こ》いよ お嬢《じょう》ちゃん
どっからでも かかってきな
ン？
……
やはり止《と》めよう——と口《くち》を開《ひら》きかけた時《とき》
おれは言葉《ことば》を飲《の》み込《こ》んだ
一瞬《いっしゅん》
ほんの一瞬《いっしゅん》だったが
奴《やつ》の身体《からだ》から青白《あおじろ》い閃光《せんこう》が放《はな》たれ
全身《ぜんしん》を包《つつ》んだ
すさまじい感情《かんじょう》の爆発《ばくはつ》——

なんだよ
来《こ》ねえなら こっちから行《い》くぜ

いけねえ!!
やめろーっ!!

スッ
バキッ
げっ!!
うえっ
ごほっ!
ごほ
……
ふざけんな

くる
ま 待《ま》て…!
よせ フラワー!
待《ま》てチビ!
やめろってんだ!!
生命《いのち》拾《びろ》いしたのがわかんねぇのか!!
何《なに》言《い》ってやがんだショーター!
放《はな》せったらこのハゲ!!
あーーもうめんどくせえ!
バキッ
アッシュ!!
待《ま》てアッシュ!!
ドッ

何《なに》がか弱《よわ》い
ウサちゃんだ
奴《やつ》は本気《ほんき》だった
本気《ほんき》で
フラワーを
殺《ころ》すつもりだった
あの時《とき》
ほんのわずか
奴《やつ》はきつ先《さき》をずらした
もし
そうしなければ
フラワーは心臓《しんぞう》を
つぶされて即死《そくし》だった
はずだ
あれは昨日今日《きのうきょう》
身《み》につけた
動《うご》きじゃない
奴《やつ》は――
何《なに》か特別《とくべつ》な
訓練《くんれん》を
受《う》けている

あいつ いったい 何者《なにもの》だ!?
アッシュ!!
……鳥肌《とりはだ》が 立《な》ったぜ
手《て》かげんしてくれて ありがとうよ
ふふっ… くっくっく

感謝《かんしゃ》するよ ショーター・ウォン
——なるほど あの タイミングか
ふざけんな
〝手《て》かげん〟の仕方《しかた》がさ
やっとわかったよ

あんたの
おかげだ
グッ
グッ
グッ
――おれは
生《う》まれて初《はじ》めて
人《ひと》を恐《おそ》ろしい――と思《おも》った
気《き》がつくと全身《ぜんしん》
冷《つめ》たい汗《あせ》をかいていた
ふざけんな
真夏《まなつ》の太陽《たいよう》が
照《て》りつけている
というのに……
こいつは
とんでもない奴《やつ》だ！
ショーター
気《き》ィつけろよ

え
オーサーのうわさだよ
奴《やつ》がこの中《なか》にどうしても消《け》したい奴《やつ》がいるっていって
殺《ころ》し屋《や》を送《おく》り込《こ》んだんじゃねぇかって話《はなし》だよ
ええ――!?
まっさかァあのヤローがそんな手《て》の込《こ》んだことをやるかよ
その手《て》の込《こ》んだワナにはまっておまえココにいンじゃねーの?
2人《ふたり》も殺《や》るハメになってさ
んー…
それを言《い》われると
まーとにかく注意《ちゅうい》だけはしとけや
奴《やつ》はおめーを目《め》の敵《かたき》にしてっからヨ
ン…
ショーター
ちょっといいか?

ニコが？
ああもう 泣《な》きつかれて まいったぜ
とにかく〝B《ビー》棟《とう》に 移《うつ》してくれ 悪魔《あくま》と一緒《いっしょ》は ゴメンだ〟って そればっかでよ
また その話《はなし》か
悪魔《あくま》うんぬん てのはA《エー》棟《とう》に 入《はい》ったって 「美女《びじょ》」のこったろ？
目《め》が血《ち》の色《いろ》みたいに 赤《あか》かったの ばーちゃんの話《はなし》だの さんざ聞《き》かされてさ
………
目《め》が赤《あか》く 見《み》えるのは 光《ひかり》が網膜《もうまく》に 反射《はんしゃ》するからだ
あの騒《さわ》ぎの あった日《ひ》は午後《ごご》から 嵐《あらし》になったから ——
稲妻《いなずま》のせいで そう見《み》えただけだ 奴《やつ》は白人《はくじん》で 瞳《ひとみ》の色《いろ》がうすいから よけいそうなるのさ
言《い》って きかせた んだがな
とにかく あいつは イカレてるぜ

おめェも苦労《くろう》だな
あとちっとでシャバに出《で》られるってのによ
……
ここを出《で》たらオーサーとケリをつけるのか？
ふふふ…
なァ ホントか？
フラワーなんか大嫌《だいきら》いだよ
あんたのほうがずっといい
うれしいこと言《い》ってくれるじゃねーかよ
♪ —

………
…なーるほどォ
あれなら トリ殺《ころ》されても イッパツお願《ねが》い してーな
なんて淫《みだ》らな目《め》だ
男《おとこ》をくるわせ 破滅《はめつ》させる
あれは 娼婦《しょうふ》の目《め》だ

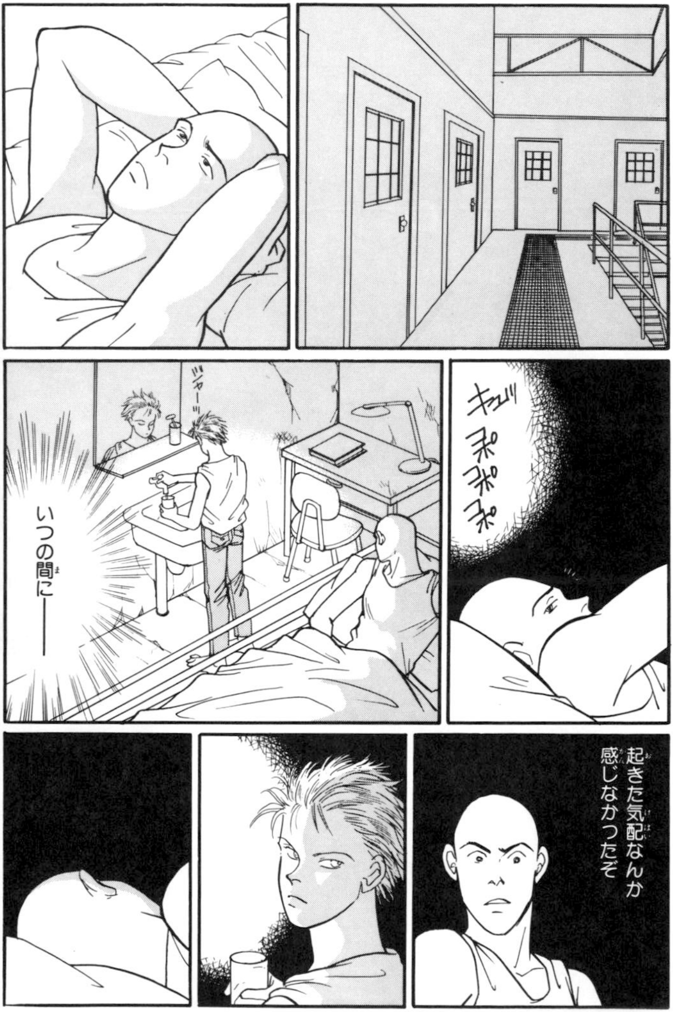

キュッ
ポポポポ
ジャーッ
いつの間《ま》に——
起《お》きた気配《けはい》なんか
感《かん》じなかったぞ

……
殺《ころ》し屋《や》をもぐりこませたんじゃねぇかってうわさだぜ
こいつがもし――イーサーの息《いき》のかかった「殺《ころ》し屋《や》」なのだとしたら…
おれに――勝《か》ち目《め》はあるか?
くっくっくっく…
何《なに》をそんなにキンチョーしてンの?

おれがあんたを
レイプするとでも?
……おやすみ
ショーター

ふあぁ〜〜〜 ああ…
やっぱり本能《ほんのう》は正《ただ》しいぜよ
もうぜーったいかかわりあいにゃなんねーぞ
あー早《はや》くここから出《で》てェよ あいつとも とっとと おさらばし…
キィ
…
…
あらら…

…また
あんたか
そう
ウンザリした
カオすんなって
あーおれ
司書《ししょ》もやってンのよ
ただし おれが司書《ししょ》に
なってからここへ
来《き》たのはおまえが
初《はじ》めてだな
ポルノをなくしてから
みんな寄《よ》りつかなく
なっちゃってサ
…
……てことは
ここに2人《ふたり》つきり
あいつがもし――
そ・う・だったら
こんなチャンスは
ない訳《わけ》だよな
だが不思議《ふしぎ》と
こいつとオーサーは
なんの関係《かんけい》もない
そういう気《き》がしていた

こいつはオーサーの手下《てした》になるような
タマじゃない
早《はや》い話《はなし》——
オーサーよりこいつのほうが役者《やくしゃ》が上《うえ》だ
？
なんだやけに静《しず》かだな
何《なに》してンだ？
あれ？
どこ行っちゃったの？

あ！
！
思《おも》い出《だ》したっ!!
BAT・P

おまえっ
ばたばた
ばた
おれが持《も》ってるやつだほら!
ほら前会《まえあ》ったことなかったかっつったろ!?
アレだよアレっ!!
…脳《のう》ミソ大丈夫《だいじょうぶ》か?
!
ちょっと待《ま》ってろっっ!
………
びゅっ
バッ
…奴《やつ》が1人《ひとり》になったぜ

ガタガタ
あった!!
昔《むかし》姉《あね》きがくれたクリスマス・カードの「天使《てんし》」じゃねーか!
あはははっ
そーかコレだったのかァ
♪
しかしまァよりによって天使《てんし》さまとはねェ

なんだニコ
どうしたんだよ
様子《ようす》がおかしい――
…ここから先《さき》はエンリョしてくれウォン
あんたはもうこれ以上《いじょう》――
あいつにかかわっちゃいけねぇ
ニコ!?
しまった!!

…この間《あいだ》の続《つづ》きをやろうぜ
誰《だれ》に頼《たの》まれた?
何《なに》

オーサーか?
死《し》ねぇ!!

ガッ
ドッ
てめぇ!!
バキ
!
ガターン
バッ
バキ
LIBLARY
アッシュ!!

！
虎狼拳《ころうけん》！
驚《おどろ》いたな
こりゃあ
まるっきり勝負《しょうぶ》に
ならねえや
……

うしろだ！
アッシュ!!
BOY
!

さっきの質問《しつもん》に答《こた》えろフラワー
おれを殺《ころ》すようおまえに命令《めいれい》したのはオーサーだな?
オーサー!?
なんのことかわからねぇな
おまえは最初《さいしょ》からおれを見《み》てたな
だがおまえの視線《しせん》にはこれっぽっちも性的《セクシャル》なものがなかった
あるのは殺気《さっき》だけだ

この手《て》のことは慣《な》れてるんでね
わかるんだよ
！
目《め》か鼻《はな》か耳《みみ》か——
選《えら》べ
ひ…
！
わあっ やめてくれっ
そ その通《とお》りだ オーサーに頼《たの》まれたんだ!!
シャバに出《で》たらシマひとつもらうって話《はなし》で！
カンベンしてくれェ

……
失《う》せろ
BAT-BOY
ダダッ
…いつからフラワーを疑《うたが》ってたんだ
最初《さいしょ》にエサ場《ば》で会《あ》った時からさ
いきなり"おれの女《おんな》にする"なんて不自然《ふしぜん》すぎる
おれに"ヒモ"がついたら仕事《しごと》がやりにくくなると思《おも》ったんだろ
BAT-BOY
…それでディッキーにちょっかいを出《だ》してフラワーの反応《はんのう》を見《み》た訳《わけ》か

あんたも有力候補《ゆうりょくこうほ》だったぜ
親切《しんせつ》ごかしに近《ちか》づいてくる奴《やつ》にロクな奴《やつ》はいないからな
気《き》に入《い》らねぇな
おまえはディッキーを利用《りよう》したんだな
奴《やつ》にカマをかけて——
どうする気《き》だった？フラワーにけしかけるつもりだったのか？
悪《わる》いか？
悪《わる》いね
おまえはあのバカをのぼせさせて——道具《どうぐ》にしようとした

それがどうした——お互《たが》いさまだろ
奴《やつ》らもおれを道具《どうぐ》にする——
おれの気持《きも》ちなんかおかまいなしに
——あの時《とき》
いいや——おれに心《こころ》があるなんて思《おも》っちゃいない!!
こいつの身体《からだ》を包《つつ》んだオーラは
あんたに何《なに》がわかる!
あれは〝怒《いか》り〟だったのだ
おれが
どんな思《おも》いをしたか——
激《はげ》しい怒《いか》り
自我《じが》をふみつけ支配《しはい》しようとするものへの——

…わかるさ
わかるもんか!!
わかってる!!
でも　それでも
言《い》うぞ!!
BAT·BOY
人《ひと》の気《き》持《も》ちを
もてあそぶな!!
人《ひと》の心《こころ》を
あやつろうと
するな!
そんなことを
すれば――
おまえは本当《ほんとう》の
悪魔《あくま》になってしまう!!

AT・BOY
ばかやろうっっっ!!
おせっかいハゲッ!!
ドン
あ…
いろいろ
言《い》われるなァ…
おせっかいはげ

図書室《としょしつ》での出来事《できごと》はあっという間《ま》に知《し》れわたった
いきなり「ボス格《かく》」扱《あつか》いされ――
ドーゾ
さっ
奴《やつ》はひどく居《い》ごこち悪《わる》そうだった
(あれ以来《いらい》アッシュは少《すこ》しずつ感情《かんじょう》を表《おもて》へ出《だ》すようになってきたのだ)
ジュルジュル
そしておれたちは
少《すこ》しずつ話《はなし》をするようになっていた
なんだ
ああ
じゃおまえもオーサーにひっかけられたのか
騒《さわ》ぎの真《ま》っ最中《さいちゅう》って時《とき》にバッチリオマワリがやってきてさ

しまったハメられたと思《おも》った時《とき》はもうアウトさ
なんだあのヤローセコいやつだな
同《おな》じ手《て》使《つか》いやがって
でもまァ…奴《やつ》の直感《ちょっかん》は正《ただ》しかった訳《わけ》だな
災《わざわ》いの芽《め》は若《わか》いうちにつめ…か
え？
オーサーは感《かん》づいていたのだ
やがてこいつが大物《おおもの》になることを
いやこっちのこと
気《き》の毒《どく》にな オーサー おまえの天下《てんか》ももう終《お》わりだ
今月《こんげつ》いっぱいで出《で》るんだって？
ああ おかげさんで
そりゃありがたいや イビキに悩《なや》まされずにすむ
………

あ——
なんか風《かぜ》がもう秋《あき》だな——
…こんな顔《かお》してるだろ
あの手《て》のことはもうしょっちゅうだった
あいつら——おれが逆《さか》らうと決《き》まってあぜんとするんだ
それからムチャクチャ怒《おこ》り出《だ》す
おれなんかが自分《じぶん》に逆《さか》らうのはさも心外《しんがい》だ——と言《い》わんばかりに

だからおれは
あいつらの鼻《はな》づら ひきずりまわして
いいようにコケにしてやれたらって …ずっと思《おも》ってた
――あんな技《わざ》を いったいどこで身《み》につけたのか
おれ女《おんな》じゃなくて ホントよかったよ
BANANA BOAT
女《おんな》だったらきっと すンげー アバズレだよ
…そんなことは ないさ
どんな生《お》いたちで どういう暮《く》らしを してきたのか
きっとおれたちなんか 足元《あしもと》にも寄《よ》れない レディーだったさ
道楽

キモチわりーこと言《い》うなよ
あんたもあいつらと同《おな》じシュミがあンのか？
こいつのことをもっと知《し》りたいと思《おも》つた
ン——……今《いま》までなかったんだけどね…
………
なんで急《きゅう》に黙《だま》ンだよ！
あ！そうだこれ見《み》ろよ
な？おまえに似《に》てンだろ？
どっかで見《み》たことあるなァと思《おも》ってたらコレだったんだよな——
クリスマス・カードの天使《てんし》！
いや〜これがけっこー色《いろ》っぽくてさ
ガキの頃《ころ》バチあたりをビクビクしながらつい夜《よる》のオカズに——
………
まずい

あばよショーターー!!
ハゲーッ!!
元気《げんき》でなーっ
戻《もど》ってこーい!!
あばよショーター
もう戻《もど》ってくんなよ
ハアどーも
ガチャガチャ
GO TO THE SEA
STOP

ほほー
お取《と》り巻《ま》きにかこまれちゃってー
すっかりボスのカンロクだなー
よせよ
からかうのは
それより――
もらっとくぜ
天使《てんし》さま
ン？
エ？ えっ!? あれっ!?
これ以上《いじょう》オカズにされちゃたまンねぇからな
あははは
あ おいっ こらっ
返《かえ》せよ!!
ショーター
出《で》ろ!
おーい!!
出《で》ろったら!!
――この日《ひ》初《はじ》めてアッシュの笑《わら》う顔《かお》を見《み》た
初《はじ》めて会《あ》つた時《とき》からなんと2か月《げつ》たつていた

初《はじ》めて見《み》た奴《やつ》の笑顔《えがお》は
年相応《としそうおう》に子供《こども》つぽく
かわいらしかつた

1994年別冊少女コミック6月号に掲載

光《ひかり》の庭《にわ》

THE《ザ》 GARDEN《ガーデン》 WITH《ウィズ》 HOLY《ホリー》 LIGHT《ライト》

奥村《おくむら》さんと
最初《さいしょ》に会《あ》つたのは

俊一《しゅんいち》おじさんの
初《はじ》めての個展《こてん》の時《とき》だつた

俊一《しゅんいち》おじさんは
お父《とう》さんの弟《おとうと》で
おじいちゃんやお父《とう》さんの
反対《はんたい》を押《お》し切《き》つて
カメラマンに
なつた人《ひと》だ
奥村《おくむら》さんは
おじさんが
プロになる
きつかけになつた
写真《しゃしん》のモデルで
大学《だいがく》に通《かよ》いながら
おじさんの助手《じょしゅ》をしていた
「こんにちは
暁《あきら》クンていうの?」
あたしを男《おとこ》の子《こ》と
間違《まちが》えた奥村《おくむら》さんは
会《あ》うたびに遊《あそ》んでくれる
やさしいお兄《にい》さんだつた

奥村《おくむら》さんは今《いま》
カメラマンになって
N・Y《ニューヨーク》・で働《はたら》いている
そして あたしは
3年《ねん》ぶりに
奥村《おくむら》さんに会《あ》おうとしている
奥村《おくむら》さんが
アメリカの永住権《えいじゅうけん》をとって
2年《ねん》がたっていた
1994年《ねん》 8月《がつ》——

遅《おそ》いなあ
どーしたんだろ
奥村《おくむら》さん
WELCOME
AKIRA
IBE
DINOSAUR
Are you《アーユー》
Japanese?《ジャパニーズ》
待《ま》てよっっ
ひゅっ
おまえ
アキラだろっ!
イベのメイのっ
DINOSAUR

日本語《にほんご》！
日本人《にっぽんじん》!?
NO《ノー》
日本人《にっぽんじん》じゃないヨ
チャイニーズ・アメリカンさ マイネーム イズ シン
………
で…でかい…
英二《えいじ》のトモダチネ
英二《えいじ》は急用《きゅうよう》ができたからおれが代《か》わりに来《き》たんだ
荷物《にもつ》コレだけ？
ひょい
ハ ハイ
OK《オーケー》, Let's《レッツ》 go《ゴー》
誰《だれ》？ この人《ひと》…
♪♪♪
大丈夫《だいじょうぶ》かなー

このままどっか売《う》られちゃったりするんじゃ…
……
びくぅ!
ははー疑《うたが》ってンな
じゃショーコ見《み》せてやるだヨ
やるだよ?
コレおまえね?
……
ヒドイ奥村さんこんな写真…
コレでわかっれちゃうアタシっていったい…
祭

わあ…！
「ゴースト」に出《で》てくるアパートみたい！
デミ・ムーアの？
そーそー！
ソーソー！
……
おっ英二《えいじ》が帰《かえ》ってきたぞ
英二《えいじ》！
奥村《おくむら》さんっ!!
DINASA
…アーちゃん？

おかえり
よお バディ
奥村《おくむら》さん――
ありがとう シン
髪《かみ》伸《の》びたんだなあ…
アーちゃん！
ほんとにアーちゃん？ 大《おお》きくなっちゃったな――
そうかもう中学生《ちゅうがくせい》なんだもんなあ
ごめんよ急《きゅう》に迎《むか》えに行《い》けなくなっちゃって… 心細《こころぼそ》かったろ？
ううん 大丈夫《だいじょうぶ》

奥村《おくむら》さん
奥村《おくむら》さんは もう28歳《さい》になるはずだけど 昔《むかし》とあまり印象《いんしょう》が変《か》わらない
髪《かみ》の毛《け》以外《いがい》変《か》わってないね
あいかわらず大学生《だいがくせい》みたいだ
アーちゃんは変《か》わったね
女《おんな》のコらしくなったよ
もうすっかりお姉《ねえ》さんだね
…そうでもないけど
ところでどうだった?
うん一応《いちおう》決《き》まったよ
やった!すごいじゃないか!
?
個展《こてん》をやることになったんだ
「ニューズ・ウィーク」のバックアップだぜ
えーーっすごーい!!
アーちゃん明日《あした》は午後《ごご》からあいてるから行《い》きたいとこあれば連《つ》れてってあげるよ

ホント!? じゃあ じゃあね——
グリニッチ・ヴィレッジ!!
…それは ここだよ
あ?
あ〜〜〜……そーなの
じゃね ティファニー!
ヤッパシ
お次《つぎ》はエンパイア・ステート・ビルかなー
あたしN・Y・《ニューヨーク》市立図書館《しりつとしょかん》に行《い》きたい!
ライオンの像《ぞう》のあるとこ!「ゴーストバスターズ」に出《で》てきた——
?
じゃあ おれが 連《つ》れてってやるヨ 本返《ほんかえ》すついでであるから
それから ティファニーに よって
午後《ごご》は英二《えいじ》と 待《ま》ち合《あ》わせて セントラル・パークで ランチにしようぜ
わあ ピクニック!?

えーーーっ!? コレがシンなのォ?
そーだヨ おれ16までチビだったもん
今は6フィート3インチね
わーガキーーー!!
ホットケ
シンて日本語《にほんご》がうまいなーー
最初《さいしょ》はエーッて思《おも》ったけど悪《わる》いヒトじゃないみたいだ
…寝《ね》た?
ああ
時差《じさ》があるからどうかなと思《おも》ったけど…疲《つか》れてたみたいだ
…ありがとう
…まだこだわってるのか…

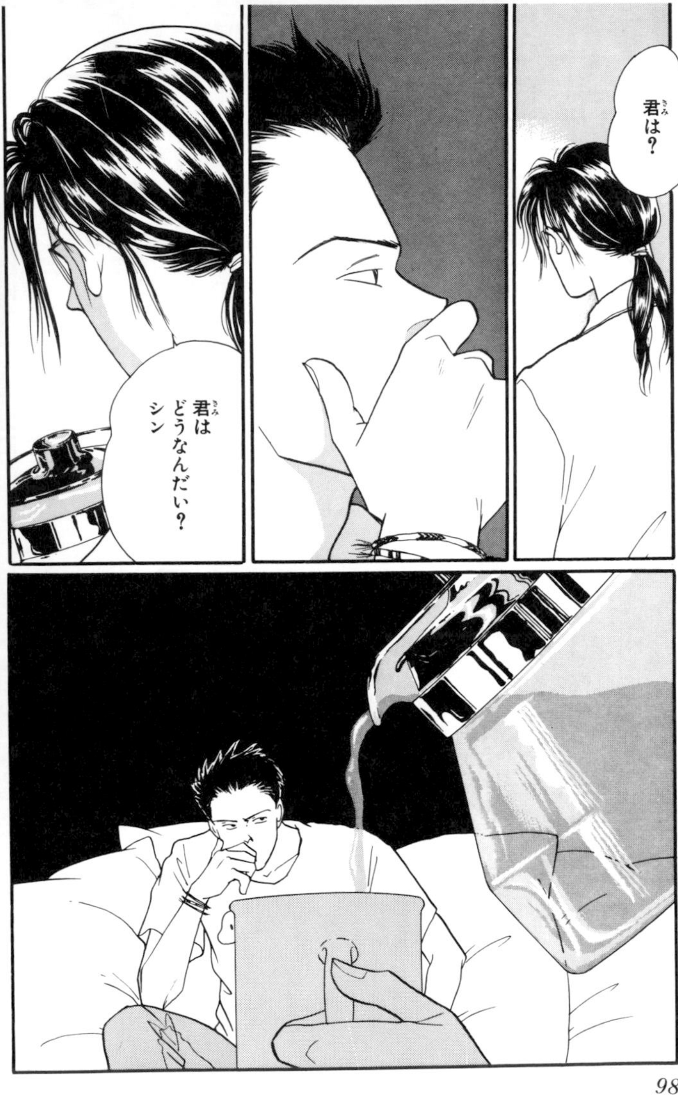
君《きみ》は？
君《きみ》は どうなんだい？ シン

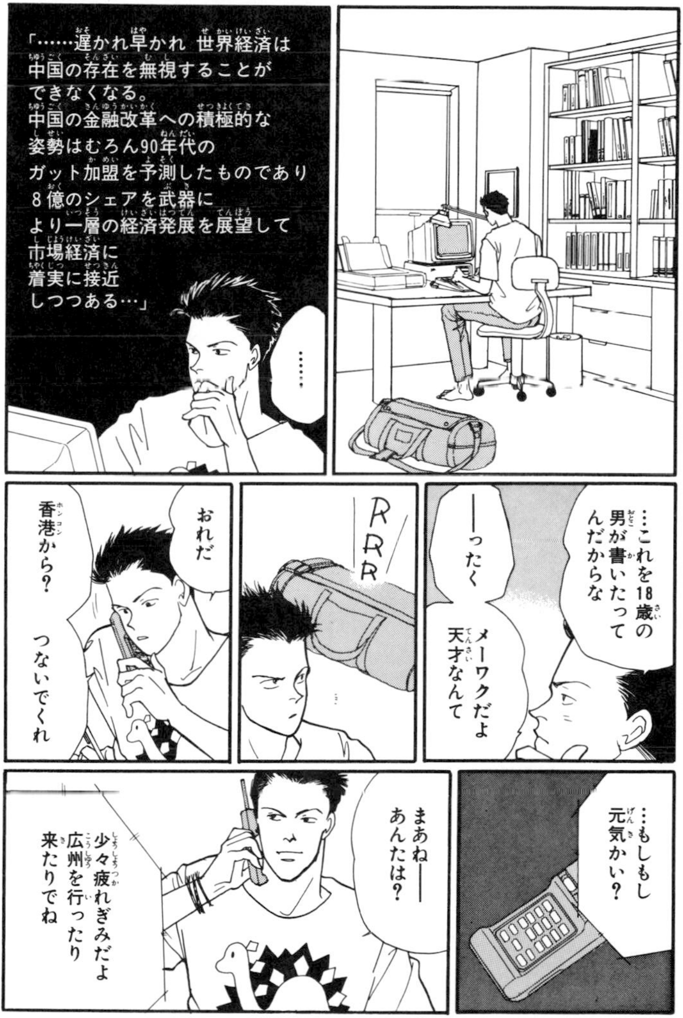
「……遅《おそ》かれ早《はや》かれ 世界経済《せかいけいざい》は
中国《ちゅうごく》の存在《そんざい》を無視《むし》することが
できなくなる。
中国《ちゅうごく》の金融改革《きんゆうかいかく》への積極的《せっきょくてき》な
姿勢《しせい》はむろん90年代《ねんだい》の
ガット加盟《かめい》を予測《よそく》したものであり
8億《おく》のシェアを武器《ぶき》に
より一層《いっそう》の経済発展《けいざいはってん》を展望《てんぼう》して
市場経済《しじょうけいざい》に
着実《ちゃくじつ》に接近《せっきん》
しつつある…」
……
…これを18歳《さい》の男《おとこ》が書《か》いたってんだからな
——ったく
メーワクだよ 天才《てんさい》なんて
RRR
おれだ
香港《ホンコン》から?
つないでくれ
…もしもし 元気《げんき》かい?
まあね—— あんたは?
少々《しょうしょう》疲《つか》れぎみだよ 広州《こうしゅう》を行《い》ったり来《き》たりでね

経済特区《けいざいとっく》かい
そのとおり 今度《こんど》 合弁会社《ごうべんがいしゃ》を作《つく》ることになってね
DINOSAUR
信用《しんよう》してるのか? 中国政府《ちゅうごくせいふ》を
まさか
皮肉《ひにく》なものだな
あんたも長生《ながい》きできねーな若様《わかさま》
今度《こんど》は同胞《どうほう》相手《あいて》に腹《はら》の探《さぐ》り合《あ》いか
……
なんだ?
…似《に》てきたね
今《いま》の言《い》い方《かた》さ
「彼《かれ》」の口調《くちょう》にそっくりだ
君《きみ》は「彼《かれ》」に心酔《しんすい》していたからね
用《よう》がねえなら切《き》るぞ
「彼《かれ》」のデータ・ベースをいじってるんだろ?

何《なに》かおもしろいものは出《で》てきたかい
おもしろいもんだらけさ
ヤツの興味《きょうみ》はまァブッとんでるよ……経済《けいざい》・社会《しゃかい》・科学《かがく》・etc《エトセトラ》――すべて項目《こうもく》ごとにきちんとファイルしてある意外《いがい》にマメなたちだったんだな
「彼《かれ》」の情報収集《じょうほうしゅうしゅう》能力《のうりょく》は驚異的《きょういてき》だったからね
あいつの論文《ろんぶん》もゾロゾロ出《で》てきたぜ
興味《きょうみ》があるならFAX《ファックス》で送《おく》るよ
これを17・8の男《おとこ》が8年前《ねんまえ》に書《か》いたってンだからやンなるね
…楽《たの》しそうだね
君《きみ》は「彼《かれ》」の話《はなし》になると饒舌《じょうぜつ》になるな
「彼《かれ》」の「思考《しこう》」を探《さぐ》る旅《たび》か
いいね…ぼくも大《おお》いに興味《きょうみ》がある
ところであいかわらず英二《えいじ》のところに入《い》りびたってるのかい?
別《べつ》に入《い》りびたっちゃいねーよ
隠《かく》さなくていいよ

君《きみ》の負《お》い目《め》は…ぼくにも責任《せきにん》のあることだ
君《きみ》の気《き》のすむようにするといい
ぼくはN・Y・《ニューヨーク》はいずれ君《きみ》にまかせるつもりだ
そのことさえ忘《わす》れないでくれれば 君《きみ》のプライベートに干渉《かんしょう》する気《き》はない
ただひとつ── 友人《ゆうじん》として君《きみ》に忠告《ちゅうこく》しておくけど
思《おも》い出《で》と戦《たたか》っても勝《か》ち目《め》はないよ
切《き》るぜ
「彼《かれ》」によろしく…

———俊《しゅん》おじさん 元気《げんき》？
N.Y.《ニューヨーク》はとっても楽《たの》しいよ
やっぱり思《おも》い切《き》って
来《き》てよかったな
父《とう》さんたちを説得《せっとく》
してくれて ありがとう
奥村《おくむら》さんね 個展《こてん》を
開《ひら》くことになったんだよ
仕事《しごと》のあい間《ま》をぬって
準備《じゅんび》しなくちゃなんない
ので けっこー大変《たいへん》
あたしも手伝《てつだ》ってるんだ
スタッフのみんな
とも仲良《なかよ》くなったし
英語《えいご》もちょっぴり
わかるように
なったよ
Hi《ハイ》，アキラ
Hi《ハイ》，シン
英二《えいじ》いるか？
うん 暗室《あんしつ》だよ
シンは不思議《ふしぎ》な人《ひと》だ
N・Y・《ニューヨーク》市立大学《しりつだいがく》の学生《がくせい》で
奥村《おくむら》さんより5歳下《さいした》の23歳《さい》
じゃー まってっかなー
自分《じぶん》の家《いえ》は
ロング・アイランドの
高級住宅地《こうきゅうじゅうたくち》にあるのに
ほとんど奥村《おくむら》さんの家《いえ》に
入《い》りびたっている

奥村《おくむら》さんの家《いえ》には シンの部屋《へや》もある
ほとんど一緒《いっしょ》に 住《す》んでるみたいだ
今夜《こんや》も 3人分《にんぶん》作《つく》るの? 奥村《おくむら》さん
うん
でもシン 今夜《こんや》フランス料理《りょうり》 食《た》べに行《い》くって 言《い》ってたよ
たぶん来《く》るよ
今夜《こんや》は ビジネス・ディナー だと言《い》ってたから
ビジネス・ディナー?
シンは実業家《じつぎょうか》 だからね
貿易会社《ぼうえきがいしゃ》の 社長《しゃちょう》だし チャイナ・タウンにも ビルを持《も》ってる
ええ——っ!? だって学生《がくせい》じゃ ないの!?
日本《にっぽん》とは教育《きょういく》システムが 違《ちが》うから学生《がくせい》で ビジネスマンてのは 別《べつ》に珍《めずら》しくないよ
最終的《さいしゅうてき》には彼《かれ》は ハーバード・ビジネス・スクール《大学院》で MBA《経営修士号》を取得《しゅとく》する つもりなんだ
ビジネス・シーンじゃ MBA《経営修士号》があると 絶対有利《ぜったいゆうり》だからね

それで毎日《まいにち》 夜中《よなか》まで勉強《べんきょう》してンのか
ガチャ
アメリカの大学生《だいがくせい》ってタイヘンだあ
エイジー! メシ食《く》わしてくれ
うー
フランス料理《りょうり》なんてクソだな
シン スーツなんて着《き》るんだね…
なんかいつもと全然《ぜんぜん》感《かん》じが違《ちが》う
ホレた?
おれのヨメになるか?
誰《だれ》がっっ!
一緒《いっしょ》にシャワー浴《あ》びよーぜ
ヤダッ!!
2人《ふたり》とももうすぐゴハンだよ

うん
やっぱりコレがサイコー♡
エビ天ぷら
おハシの国のォ♫
ヒトだものォ～
アーちゃん
N・Y・《ニューヨーク》は慣《な》れた？
あたし ここ好《す》き
みんな あたしの名前《なまえ》聞《き》いても男《おとこ》みたいって言《い》わないし
「アキラ」って男《おとこ》の名前《なまえ》なのか？
わりとね
シンの名前《なまえ》は？
何《なに》か意味《いみ》があるの？
「魔神《まじん》」
「獅子《しし》」
それから――
モグ
「罪《つみ》」

アーちゃんは
自分《じぶん》の名前《なまえ》好《す》きじゃないの？
…大嫌《だいきら》い！
ぼくは好《す》きだな
「暁《あきら》」って夜明《よあ》けという意味《いみ》だね
同《おな》じ名前《なまえ》の人《ひと》を
ぼくは知《し》ってるよ
奥村《おくむら》さんは
昔《むかし》遊《あそ》んでもらった奥村《おくむら》さんとはやっぱり少《すこ》し違《ちが》っていた
DANGER

英二《えいじ》！
手伝《てつだ》いに来《き》たよ！
やあ マイケル
やったね！おめでとー
父《とう》さんたちもすっげー 喜《よろこ》んでる 今夜《こんや》よるってさ
ああ 初《はじ》めてだったね アーちゃんは マックスとジェシカ 先週《せんしゅう》会《あ》ったろ？
彼《かれ》らの息子《むすこ》さんだよ
マイケル 彼女《かのじょ》はアキラ
伊部《いべ》さんのめいなんだ 年《とし》が近《ちか》いから友達《ともだち》になってあげてよ
AKIRA《アキラ》？
OH《オー》!
アニメの「AKIRA《アキラ》」と同《おな》じ名《な》だねってさ
彼《かれ》 日本《にっぽん》のアニメとかまんがが好《す》きなんだよ
…なんだっけ？一番《いちばん》のお気《き》に入《い》りは
DRAGON BALL!!
SAILOR MOON!!
LUM!!
「うる星やつら」ね
このコ ひょっとしてオタク？

でも こっちのオタクって見《み》た目《め》がいいんだなぁ
英二《えいじ》
アッシュの写真《しゃしん》は出《だ》さないの？
ン
ちょっとね…いいのがなくて
？
〝アッシュ〟？
どこかで聞《き》いたことがあるみたいな…
マイケル
そのパネル A3のコーナーに持《も》ってってくれ
OK《オーケー》 シン

ふーん これみんな N・Y・《ニューヨーク》の写真《しゃしん》なんだ
年代別《ねんだいべつ》に きちんとファイル してある―― さすがプロだなあ
1985年《ねん》―― 奥村《おくむら》さんがおじさんと 初《はじ》めてN・Y・《ニューヨーク》へ 来《き》た時《とき》の写真《しゃしん》だ
?
「図書館《としょかん》でA《エー》と」
A《エー》?
どーしてここだけ 写真《しゃしん》がないんだろ
あれ ここも…
1985, 10.21 セントラル・パーク A.

アッシュの写真《しゃしん》は出《だ》さないの?
あ…
そうだ思《おも》い出《だ》した
永住《えいじゅう》するってどういうことだ
君《きみ》はまだアッシュのことが忘《わす》れられないのか
「アッシュ」の"A《エー》"
1986. 7. 15
セントラル・パークにて
Aと.
「アッシュ」って誰《だれ》?

ドカッ
ドドッ
ドガッ
OK《オーケー》シン!
ストップ!
ストーップ!!

はあ
ふう
はあっ
右《みぎ》はいいが
左《ひだり》フックが弱《よわ》いな
左《ひだり》か
しかし いいパンチだぜ
おまえ タッパは あるしガタイも いいんだから
本気《ほんき》でやる気《き》 ねーのか?
女《おんな》さえガマン すりゃプロで やれるぜ
ゴメンだな
女《おんな》は足《あし》に くるんだよ そりゃもう イッパツでな
じゃ 2発《はつ》は?
シン! お客《きゃく》だぜ

ハイ アキラ
よく ここが わかったな
…マイケルに 聞《き》いたの
なんだ おまえ あんなおチビにも 手《て》ェ出《だ》してンのか?
バーカ 英二《えいじ》の客《きゃく》だよ
どうした?
アッシュっていう人《ひと》 知《し》ってる?

知《し》ってるんでしょ
…どうしてそんなことを?
奥村《おくむら》さんのファイルを見《み》てたの
「A《エー》」って書《か》いてあるとこだけ写真《しゃしん》がないの

…アッシュは
おれのコンピューターの名前《なまえ》だ
え
先《さき》に帰《かえ》って待《ま》ってな
…すぐ行《い》くから
ガキャ

——ほら
こいつが「アッシュ」だ
古《ふる》いモデルね
わかる？さすがハイテクの国《くに》の生《う》まれだ
アッシュって人《ひと》が使《つか》ってたの？
…そうだよ
英二《えいじ》に許可《きょか》を得《え》ておれが使《つか》ってるんだ
奥村《おくむら》さんはその人《ひと》のこと好《す》きだったの

大好《だいす》きだったよ
………
はっきり言《い》うなあ
…きれいな人《ひと》?
きれいだったよ
同《おな》じ人間《にんげん》とは
思《おも》えないほど
きれいだったよ
TOM

ブロンド・ヘア
グリーン・アイズ
長《なが》い手足《てあし》
優雅《ゆうが》な身《み》のこなし
IQ《アイキュー》200の
知性《ちせい》と教養《きょうよう》…
——あたし
ギャラリーに戻《もど》る
手伝《てつだ》わなきゃ…
ああ おれも
あとで行《い》くって
英二《えいじ》に
言《い》っ——
ダッ
ふふっ
女《おんな》だなあ
チビでも

え？
アッシュ——
思《おも》い出《で》と戦《たたか》っても
勝《か》ち目《め》はない…か

きれいだったよ
奥村《おくむら》さん――
同《おな》じ人間《にんげん》とは
思《おも》えないほど
今《いま》でもその人《ひと》が
忘《わす》れられないんだ
あれっ アキラ
1人《ひとり》?
シン ジムに
いなかった?
クラッシュド
アイス
?
……
シンの
いじわる!

満足《まんぞく》だろう
あんたは永遠《えいえん》に
英二《えいじ》を手《て》に入《い》れた

知《し》ってるか？ あいつ この7年間《ねんかん》 絶対《ぜったい》市立《しりつ》図書館《としょかん》に 近寄《ちかよ》らないんだ
建物《たてもの》の見《み》える 場所《ばしょ》にすら 寄《よ》りつかない
…あの時《とき》
あんた何《なに》を考《かんが》えてた？
ゆっくりと体中《からだじゅう》の血《ち》が流《なが》れ出《だ》していく
血圧《けつあつ》が下《さ》がり 体温《たいおん》が失《うしな》われ
死《し》が訪《おとず》れるまでの ──長《なが》い長《なが》い時間《じかん》
あんた苦《くる》しんだはずだ
傷《きず》は急所《きゅうしょ》を はずれていたから…
それなのに──

あんた微笑《ほほえ》んでた
まるで楽《たの》しい夢《ゆめ》でも見《み》ているように
…こいつのせいか?
"君《きみ》は1人《ひとり》じゃない ぼくがそばにいる ぼくの魂《たましい》は 君《きみ》とともにある"
すげぇよ
こりゃもう恋文《こいぶみ》だぜ
血《ち》と―― 涙《なみだ》のあとの残《のこ》る英二《えいじ》の手紙《てがみ》
これだったのか
あんたにスキを作《つく》ったのは――

でなきゃラオに…あんたがやられるわけがない
こんなことは英二《えいじ》には言《い》えない
一生《いっしょう》おれが背負《せお》っていくものだ
…もういいだろう
ラオの罪《つみ》といっしょに――
アッシュ
あいつを解放《かいほう》してやってくれ
でないとあいつ――幸《しあわ》せになれない…
あいつが幸《しあわ》せになってくれないとおれは…
おれは――
必《かなら》ずあんたからあいつを取《と》りもどす

マッシュ
金髪《きんぱつ》で
緑色《みどりいろ》の瞳《ひとみ》で
手足《てあし》が長《なが》くて…
ぎくっ!
何《なに》描《か》いてンの?
ばっ
な なんでもナイ
ナッシング
ナッシング
英二《えいじ》これから
インタビュー
なんだって
すごいなー
いよいよ
メジャーへの道《みち》だね
そうか…
「VOICE《ボイス》」から
インタビューの
申《もう》し込《こ》みが
あったって
言《い》ってたっけ
…では今度《こんど》の個展《こてん》は
「ニューズ・ウィーク」に
掲載《けいさい》された作品《さくひん》を
中心《ちゅうしん》に構成《こうせい》される
わけですね
はい
そうなると
思《おも》います

あなたの作品《さくひん》には被写体《ひしゃたい》に対するなんともいえないあたたかさというか——やさしい視線《しせん》が感《かん》じられて
N・Y・《ニューヨーク》というモチーフにこんな見方《みかた》があったのかと新鮮《しんせん》な驚《おどろ》きがアート・シーンでも話題《わだい》になっていますけれど
ご自身《じしん》はどうでしょう？——確《たし》か数年前《すうねんまえ》 強盗《ごうとう》に襲《おそ》われて負傷《ふしょう》なさった経験《けいけん》がおありだとか…そのことはマイナス・ポイントにはならなかったのですか？
それは…なんというか
確《たし》かにこの街《まち》も人々《ひとびと》も よくも悪《わる》くもアグレッシヴなのは確《たし》かですね
でも——
おぞましいものもなつかしいものもすべてがここにはある…と かつてぼくの友人《ゆうじん》が言《い》ったことがあります
…彼《かれ》の故郷《こきょう》についてですが
何《なに》もかもが光《ひかり》に満《み》ちている…というわけにはいきません

もしぼくの写真《しゃしん》が そういう印象《いんしょう》を 受《う》けるのだとしたら
光《ひかり》も闇《やみ》も… そのどちらも 愛《あい》しているからかも しれません
なるほど…
あなたご自身《じしん》も 作品《さくひん》のように おだやかな方《かた》だと いうことがよく わかりましたわ
そうでもないんですよ… アシスタントを どなることだって あるんです
あなたが どなるんですか!? 信《しん》じられ ないわ!
…マイケル
ン?
アッシュって人《ひと》 知《し》ってる?
もちろん《シュア》! 彼《かれ》はぼくの ヒーローだもの
…彼《かれ》?

シン！
…どうした？
アッシュって男《おとこ》の人《ひと》だったの？
…出《て》ようか

…ここは？
昔《むかし》おれとおれの家族《かぞく》が住《す》んでたところだ
おぞましいものもなつかしいものもすべてがここにはある…か
誰《だれ》に聞《き》いた？
マイケルに
あの…アッシュって奥村《おくむら》さんの…
こ…恋人《こいびと》だったの？

それ以上《いじょう》さ
言《い》っとくがあいつらの間《あいだ》には性的《せいてき》な関係《かんけい》はいっさいなかった
恋愛《れんあい》に似《に》た感情《かんじょう》は…あったかもしれないが
Campbell's
CONDENSED
魂《たましい》の…奥深《おくぶか》いところで結《むす》びついていたんだ
…死《し》んじゃったんでしょ?その人《ひと》…
殺《ころ》したのはおれの兄《あに》だ

おれの兄貴《あにき》がアッシュを殺《ころ》したんだ
もう7年《ねん》も前《まえ》のことだ
7年前《ねんまえ》——
奥村《おくむら》さんがケガをしてN・Y・《ニューヨーク》から帰《かえ》ってきた頃《ころ》だ
でもそのあとすぐ奥村《おくむら》さんは傷《きず》もよくなってないのにおじさんとまたN・Y・《ニューヨーク》へ行《い》ってしまって
帰《かえ》ってきたのはおじさん1人《ひとり》だった

あいつは…それから すっかり変《か》わっちまった
性格《せいかく》も 生《い》き方《かた》も…
アッシュの死《し》は英二《えいじ》の 人生《じんせい》そのものを 変《か》えてしまったんだ
…君《きみ》たちの出《で》てく姿《すがた》が 見《み》えたから…
アーちゃん
ちょっと先《さき》に 帰《かえ》ってて くれるかな

はい
2人《ふたり》とも
ゴハン作《つく》って待《ま》ってるからね
ゴハン作《つく》って待《ま》ってるからね…か
イベのメイにしちゃデキがよすぎるぜ
…ぼくはそんなに変《か》わったかい
シン
ぼくは別《べつ》に無理《むり》をしてるわけじゃないよ
そんなこと言《い》ってるんじゃない!!

アッシュは死《し》んだ!
わからないのか——あいつは死《し》んだんだ!!
ガッ
なぜだ!!
ちくしょーっ!!
…なんで忘《わす》れないんだ…
あんたには幸せになってもらいたいんだ…!

シン
ぼくは明日《あした》からケープ・コッドへ行《い》こうと思《おも》うんだ
写真《しゃしん》をとりに
いっしょに行《い》かないか?
バディと…暁《あきら》も連《つ》れていくんだ

きれいなとこだね
そうだね
ここはアッシュの故郷《こきょう》なんだ
そうなの?
うん
以前《いぜん》ここへ来《き》た時《とき》 ぼくたちは河《かわ》で――
釣《つ》りを…

ダッ
あ…
…すみません
人違《ひとちが》いでした
ごめんなさい
?
no problem.
?

――もうちょっと右《みぎ》によってアーちゃん
そう そのぐらい
MR. WOLF
FISH BONE
もう1枚《まい》――
FISH BONE
きれいだね
光《ひかり》がキラキラしてる
FISH BONE

あたしバディと散歩《さんぽ》してくるね
行《い》っといで
でもあんまり遠《とお》くへ行《い》っちゃだめだよ
…おまえどうしてアキラを呼《よ》びよせたんだ？
しかもたった1人《ひとり》で
アーちゃんの両親《りょうしん》はね
今《いま》ちょっとうまくいってないんだ
彼女《かのじょ》はそれを自分《じぶん》のせいだと思《おも》ってる
MR WOLF
「暁《あきら》」という名前《なまえ》は彼女《かのじょ》のお父《とう》さんがつけた
つまり伊部《いべ》さんのお兄《にい》さんだね

伊部《いべ》さんに言《い》わせると
彼《かれ》は悪《わる》い人《ひと》じゃないが無神経《むしんけい》なところがあって
男《おとこ》の子《こ》が欲《ほ》しくて男《おとこ》の子《こ》の名前《なまえ》しか考《かんが》えてなかったとか女《おんな》の子《こ》だったのでがっかりした——
なんてことを娘《むすめ》の前《まえ》で深《ふか》く考《かんが》えずに口《くち》にしてしまったらしい
アーちゃんが体調《たいちょう》をくずすようになったのは中学《ちゅうがく》に入《はい》ってからだ
伊部《いべ》さんの手紙《てがみ》にはちょうど初潮《しょちょう》をむかえた頃《ころ》と一致《いっち》する…とある
彼女《かのじょ》は女《おんな》である自分《じぶん》を受《う》け入《い》れられない
父親《ちちおや》が家《いえ》によりつかないのは自分《じぶん》が彼《かれ》の望《のぞ》む男《おとこ》の子《こ》じゃないからだと思《おも》ってる
…そういうことか…
…おまえってやつは
根《ね》っこのとこじゃ全然《ぜんぜん》変《か》わってねぇな
INSPIRE

他人《たにん》のSOS《エスオーエス》ってやつを
なんて敏感《びんかん》に感《かん》じとるんだろうな…
アッシュはきっと―― こいつのこういうところを愛《あい》したんだ
バディの時《とき》もそうだった… ゴミ箱《ばこ》に捨《す》てられてたあいつを おまえだけが見《み》つけたんだもんな
MR WOLF
あいつの苦《くる》しみを たぶんこいつだけが感《かん》じとったんだ…
でもぼくは
君《きみ》の声《こえ》だけ聞《き》こえないふりをした
手紙《てがみ》のこと
ぼくは知《し》ってたんだ

それは――！
MR. WOLF
ぼくの手紙《てがみ》が…彼《かれ》を――
それは違《ちが》う!!
知《し》ってて君《きみ》に言《い》わなかった…
君《きみ》が苦《くる》しんでいるのを知《し》っていながら
なぜあの時《とき》はってでも彼《かれ》のところへ行《い》かなかったのか――
どれほど後悔《こうかい》し――自分自身《じぶんじしん》をなじったか
…やり切《き》れなかった…
君《きみ》の兄《にい》さんを恨《うら》むことで
君《きみ》の苦《くる》しみを無視《むし》することで…自分《じぶん》の気持《きも》ちに折《お》り合《あ》いをつけてきたんだ

ぼくは彼《かれ》を忘《わす》れない
忘《わす》れようとも思《おも》わない
でもそのことがぼくが幸福《こうふく》じゃないということにはならない
彼《かれ》は一生懸命《いっしょうけんめい》生《い》きた
FISH BONE
そのことはぼくらが一番《いちばん》よく知《し》ってるじゃないか
あの奇跡《きせき》のような〝生《せい》〟と
わずかな間《あいだ》でもいっしょに過《す》ごすことができたことを…ぼくは誇《ほこ》りに思《おも》う

ごめんよシン
君《きみ》1人《ひとり》に背負《せお》わせてしまったね
INSPIRE
おれは…
あんたのそばにいていいのかな…
アッシュのかわりにはなれないけど…
そりゃ彼《かれ》のかわりはどこにもいないよ君《きみ》のかわりがいないのと同《おな》じさ
INSPIRE
MR・WOLF

君《きみ》も世界《せかい》でただ1人《ひとり》の君《きみ》だよ
アーちゃん
アッシュのファースト・ネームはね「アスラン」といって
夜明《よあ》けという意味《いみ》なんだ
〃君《きみ》と同《おな》じ名前《なまえ》の人《ひと》を知《し》ってるよ〃

ぼくは
アーちゃんも
アーちゃんの名前《なまえ》も
大好《だいす》きだよ…
――ごめんよ
長《なが》いこと
とじこめてしまって
君《きみ》の写真《しゃしん》を
すべて隠《かく》して…
そんなことしても
何《なに》もならないのに

カシャ
I LOVE N·Y
I LOVE N·Y
カシャ
…
カシャ
カシャ

ケープ・コッドから
帰《かえ》ってすぐ
奥村《おくむら》さんは　1枚《まい》の写真《しゃしん》を
ギャラリーの一番奥《いちばんおく》に飾《かざ》った

「夜明《よあ》け」というタイトルがついていた

おだやかな表情《ひょうじょう》の
その青年《せいねん》は
眠《ねむ》っているのか
祈《いの》っているのか
その横顔《よこがお》を
朝陽《あさひ》がやさしく照《て》らしている
この人《ひと》が「アッシュ」なんだ
ほんとにきれいな人《ひと》だった
Killer of the Sea

荷《に》作《づく》り できた？
うん なんとか
アーちゃん ゴルビーは？
あっ 机《つくえ》の上《うえ》！
先《さき》に行《い》ってて 持《も》ってくるから
荷物《にもつ》 車《くるま》 つんじゃうぞ

シン
ROVER MINI
この車《くるま》 シンのサイズにあってないヨ
いーんだよ昔《むかし》はあってたんだ
アタマつかえてンじゃん
…あたし
女《おんな》に生《う》まれてよかったなって思《おも》う
ン？
だってサイイ女《おんな》になって奥村《おくむら》さんと結婚《けっこん》すんだモン
バーカ
オマエがイイ女《おんな》になる頃《ころ》はあいつはオヤジだぜオヤジ!!
シンだってオヤジじゃんっ!!

1994年別冊少女コミック8・9月号に掲載

プライヴェート オピニオン

PRIVATE OPINION

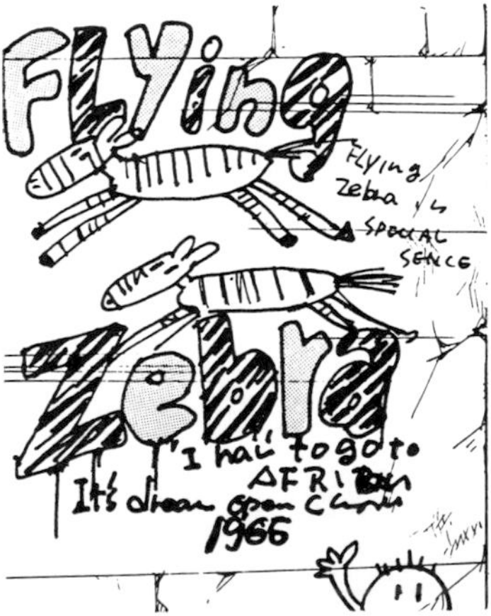

FLYing
Zebra
FLYing Zebra
SPECIAL SENCE
I hai to go to
It's dream
1966

初《はじ》めは「彼《かれ》」だとわからなかつた

いや——その言《い》い方《かた》は
適切《てきせつ》ではない
「彼《かれ》」だということは
すぐわかったのだ
かなり背《せ》も伸《の》び身体《からだ》つきも
たくましくなっていたが
類《たぐ》いまれな美貌《びぼう》も
人《ひと》をひきつける緑色《みどりいろ》の瞳《ひとみ》も
当時《とうじ》のおもかげ そのままだった
それでもなお
これはよく似《に》た他人《たにん》だ——という
印象《いんしょう》を捨《す》てきれなかった
なぜなら 私《わたし》の知《し》る「彼《かれ》」は
こんなに表情《ひょうじょう》の豊《ゆた》かな少年《しょうねん》では
なかったからだ

めったに笑《わら》わず
美《うつく》しいが無表情《むひょうじょう》の固《かた》い鎧《よろい》におおわれた
"ライオンの子供《こども》"のような「彼《かれ》」
目《め》の前《まえ》の無防備《むぼうび》で
明《あか》るく くったくなく笑《わら》う
アメリカの若者《ヤング・アメリカン》が
あの「彼《かれ》」だとは
今《いま》ひとつ納得《なっとく》できなかった
——が
——一瞬《いっしゅん》
「彼《かれ》」は私《わたし》の気配《けはい》に
気《き》づいた
そしてその表情《ひょうじょう》は
がらりと変《か》わった

緑《みどり》の瞳《ひとみ》が
閃光《せんこう》を放《はな》ち
全神経《ぜんしんけい》が
私《わたし》の気配《けはい》に
集中《しゅうちゅう》する
彼《かれ》のオーラが
炎《ほのお》のように輝《かがや》き始《はじ》める
のがわかった
そして「彼《かれ》」は
友人《ゆうじん》らしい東洋《アジア》系の少年《しょうねん》を
守《まも》るように身《み》がまえた

これはまぎれもなく「彼《かれ》」だ
あの
〝ライオンの子供《こども》〟の
成長《せいちょう》した姿《すがた》なのだ

…やぁ
初《はじ》めは断《ことわ》るつもりだつた
お久《ひさ》しぶりです
1年《ねん》ぶりだね
はい
あの時《とき》は世話《せわ》になった
いえ こちらこそ

断《ことわ》るつもりで来《き》たのだろう？
私《わたし》には荷《に》が重《おも》すぎます
それにまだ14歳《さい》というのは…
君《きみ》が訓練《くんれん》を始《はじ》めたのはもっと幼《おさな》かったのじゃないかな？
〃白《ブランカ》〃
ええ…まあ
とにかく本人《ほんにん》に会《あ》わせよう
話《はなし》はそれからだ
ザッ
あ…

？
君《きみ》は……確《たし》か——
先週《せんしゅう》新《あたら》しく雇《やと》った数学《すうがく》の教師《きょうし》です
……
わ——私《わたし》じゃありません!!
誘《さそ》ったのは か 彼《かれ》のほうです!!
信《しん》じてください!
私《わたし》は——私《わたし》は決《けっ》して…!
うう…
なぜこんなことに…

アッシュ
そこにいるのか

—!
君《きみ》——
大丈夫《だいじょうぶ》か?

さわるな

彼《かれ》に乱暴《らんぼう》された
わけでは？
ズッ
!
ドサッ

服《ふく》をちゃんとしろ!
見苦《みぐる》しい!
──失礼《しつれい》
あの男《おとこ》はクビにしろ
はっ
シャワーをあびて服《ふく》を着《き》がえろ!
10分《ぷん》でしたくしてガーデン・ハウスへ来《こ》い
わかったな!

なんとも印象的《いんしょうてき》な初対面《しょたいめん》だった
…見苦《みぐる》しいところを見《み》せてしまったな
見苦《みぐる》しいついでに白状《はくじょう》すると
ああいったことは初《はじ》めてではないのだ

…と おっしゃいますと？
これで 5人《にん》になる
教師《きょうし》を クビにするのは
男《おとこ》が4人《にん》 女《おんな》が1人《ひとり》
年令《ねんれい》も まちまちだ 25歳《さい》の若造《わかぞう》から 42歳《さい》の女教師《じょきょうし》まで
共通《きょうつう》してるのは みな あいつのほうが誘《さそ》った ——と言ってることだ
…なるほど
で みなさん誘《さそ》いに 乗《の》ってしまわれたん ですね
どう思《おも》うかね
さあ…何分《なにぶん》 初《はじ》めて会《あ》ったばかり ですから

君《きみ》に隠《かく》しても しかたない
はっきり言《い》えば あいつは元々《もともと》私《わたし》の 経営《けいえい》するクラブの 「商品《しょうひん》」だったのだ
客《きゃく》はもっぱら 高級官僚《こうきゅうかんりょう》や 政治家《せいじか》だ
何《なに》しろあの 見《み》てくれだからな
ずいぶんと 役《やく》に立《た》ってくれたよ
——だが外側《そとがわ》は よくできていても しょせん 腐《くさ》った卵《たまご》だ
教師《きょうし》どもの 言《い》うことは…おそらく 半分《はんぶん》は事実《じじつ》だろうな
…ではあとの 半分《はんぶん》は？

あなたともあろう方《かた》が
わざわざ腐《くさ》った卵《たまご》の
料理《りょうり》をさせるために
私《わたし》をお呼《よ》びになったとは
思《おも》えませんが？
…そうだ
確《たし》かに私《わたし》は
あれはただの腐《くさ》った卵《たまご》では
ない——と思《おも》っている
スタンフォードビネー
知能《ちのう》指数《しすう》判定《はんてい》では
180——
あまりに数値《すうち》が高《たか》いので
間違《まちが》いではないかと
再検査《さいけんさ》をしたら
〝180以上《いじょう》〟という結果《けっか》が
出《で》た
…それは
——すごいですね

だがそんなものはあてにならん
「20歳《はたち》すぎればただの人《ひと》」など君《きみ》はいくらでも例《れい》を知《し》ってるだろう
〃白《ブランカ》〃
君《きみ》は確《たし》か心理学《しんりがく》と精神医学《せいしんいがく》の学位《がくい》を持《も》っていたな
〃必須《ひっす》〃でしたから
その君《きみ》の目《め》であれの資質《ししつ》を判断《はんだん》してほしい
私《わたし》はあれを創《つく》りあげたいのだ
…ヒギンズ教授《きょうじゅ》になられるおつもりですか
いなか娘《むすめ》を淑女《レディ》に仕立《した》てるのとはわけがちがう

私《わたし》はあれを
「神《かみ》の器《うつわ》」と思《おも》っている
君《きみ》のごく私的見解《プライヴェート・オピニオン》でいい
見込《みこ》みがあると判断《はんだん》したら君《きみ》の知識《ちしき》と経験《けいけん》であれを〝教育《きょういく》〟してもらいたい
なるほど
確《たし》かにこれは「マイ・フェア・レディ」というよりは——「神曲《しんきょく》」か
君《きみ》が〝NO《ノー》〟と判断《はんだん》したら
いさぎよくあきらめよう

ムッシュウ
そのように買《か》いかぶられては困《こま》ります
私《わたし》が何者《なにもの》かはご存《ぞん》じのはずです
君《きみ》はクレムリンが創《つく》りあげた生《い》きた兵器《へいき》だ
ただの人殺《ひとごろ》しですよ
そこまでおっしゃるなら
あの計画《けいかく》がいかに効率《こうりつ》の悪《わる》い金《かね》と時間《じかん》のむだ遣《づか》いだったかよくおわかりでしょう

「資質《ししつ》あり」と認《みと》められて全《ぜん》ソ連邦《れんぽう》から集《あつ》められた300人《にん》の子供《こども》たちのうち
15年後《ねんご》残《のこ》っていたのはわずかに18人《にん》ですよ
残《のこ》りはすべて脱落《だつらく》しました
単《たん》についていけなかった者《もの》
重傷《じゅうしょう》を負《お》った者《もの》あるいは死《し》んだり──発狂《はっきょう》したり…理由《りゆう》はさまざまですが
だが君《きみ》は耐《た》えて生《い》き残《のこ》った
ええ
ですからこのザマです
人工的《じんこうてき》にエリートを創《つく》りあげようなどしょせんムリな話《はなし》なのです
人間《にんげん》はそれほど強《つよ》くはない

神《かみ》を演《えん》ずるなど
愚《おろ》かな思《おも》いあがりにすぎません
…君《きみ》の私的見解《してきけんかい》か?
もうしわけありませんムッシュウ
言葉《ことば》がすぎました

君《きみ》でも感情的《かんじょうてき》になることがあるのだな
白《ブランカ》——いやセルゲイ・ヴァリシコフ
…まあそう早々《そうそう》に結論《けつろん》を出《だ》すこともなかろう
君《きみ》と私《わたし》の仲《なか》だ
先程《さきほど》の非礼《ひれい》を水《みず》に流《なが》すかわり私《わたし》の頼《たの》みをきいてくれるだろうな?

とんだ墓穴《ぼけつ》だったな
それにしたって 本人《ほんにん》にはまったくその気《き》がないみたいじゃないか
腹《はら》いっぱいのネコにエサを食《た》べさせようとしてもなぁ
ゴロ寝《ね》が趣味《しゅみ》か

起《お》きてるんだね?
そこへ行《い》ってもいいかい? アッシュ——"山猫《リンクス》"くん
どうも
逃《に》げられるかと思《おも》ったが
好奇心《こうきしん》が拒否《きょひ》に勝《か》ったらしい大《おお》いに結構《けっこう》——
私《わたし》は"白《ブランカ》"というんだ
妙《みょう》な名《な》だけど気《き》にしないだろ?

興味《きょうみ》もねぇな
はりつけたような無表情《むひょうじょう》——感動的《かんどうてき》に無愛想《ぶあいそう》な子《こ》だ
どこかの国《くに》の書記長《しょきちょう》だってもう少《すこ》し友好的《ゆうこうてき》だぞ
君《きみ》のことを少《すこ》し聞《き》いてもいいかな 得意《とくい》な科目《かもく》とかごひいきのベースボール・チームとか
野球《やきゅう》は嫌《きら》いだ
へぇ
……
アメリカの男《おとこ》の子《こ》で野球嫌《やきゅうぎら》いがいるとは思《おも》わなかったな
悪《わる》いか 別《べつ》に不思議《ふしぎ》じゃないだろう
思《おも》ってもみなかった強《つよ》い反応《はんのう》だ
むろんそうさ
私《わたし》もどっちかっていうとバスケットのほうが好《す》きだしね
キイ・ワードのひとつ〝野球《ベースボール》〟

用《よう》がないなら消《き》えてくんないかな
眠《ねむ》くってたまンねえんだ
おっと
すまなかったね じゃましちゃって
いろいろ参考《さんこう》になったよ ありがとう
参考《さんこう》?
何《なに》が
そうだな 君《きみ》は野球《やきゅう》が嫌《きら》いで
だから大《だい》リーグ観戦《かんせん》に誘《さそ》うのはやめよう――
それから
君《きみ》のごく近《ちか》い身内《みうち》にアイルランド系《アイリッシュ》の人《ひと》がいる

おそらく
北《ノース》アイルランド
違《ちが》う？
…なんで
そんなことを…？
警戒《けいかい》・警戒《けいかい》・警戒《けいかい》・警戒《けいかい》…
黄信号《きしんごう》の点滅《てんめつ》
君《きみ》の英語《えいご》には
かすかに
アイルランド《アイリッシュ》系の
アクセントが
——あんた

何者だ？《Who are you》
人殺《ひとごろ》しだよ
よい 昼寝《シエスタ》を

アッシュ・リンクス
本名《ほんみょう》：アスラン・J《ジエイ》・カーレンリース
生年月日《せいねんがっぴ》：1968年《ねん》8月《がつ》12日《にち》
家族歴《かぞくれき》：父《ちち》 ジェームズ・カーレンリース
母《はは》 記載《きさい》なし
兄《あに》 グリフィン・J《ジエイ》・カーレンリース
備載《びさい》：兄《あに》 グリフィン・カーレンリースは 1973年《ねん》 南《みなみ》ベトナム ドン・タム にて行方不明《ゆくえふめい》――
兄《あに》グリフィンの母《はは》は… オードリー・カーレンリース 1967年《ねん》 死亡《しぼう》
ということは 彼《かれ》の母《はは》は Mrs.《ミセス》カーレンリース ではない…
1976年《ねん》 郡警察《ぐんけいさつ》に逮捕拘留《たいほこうりゅう》
容疑《ようぎ》：第《だい》1級殺人《きゅうさつじん》
同年《どうねん》11月《がつ》不起訴処分《ふきそしょぶん》
殺人《さつじん》!?
6年前《ねんまえ》―― なんと8歳《さい》か

…やあ
MARC CHAG
私《わたし》がここにいてもかまわないかな

昨日《きのう》の答《こた》えをもらってないいな
おれのおやじはアイルランド移民《いみん》の2世《せい》だ
誰《だれ》にも話《はな》したことなかったのに
なぜわかった?
緊張《きんちょう》している?
へえ? お父《とう》さんが
警戒《けいかい》とは違《ちが》う
質問《しつもん》に答《こた》えろよ
ひどく緊張《きんちょう》しているなぜだ?
ゴルツィネはおれのためにあんたを呼《よ》んだと言《い》ってる
どういう意味《いみ》だ?

グイ

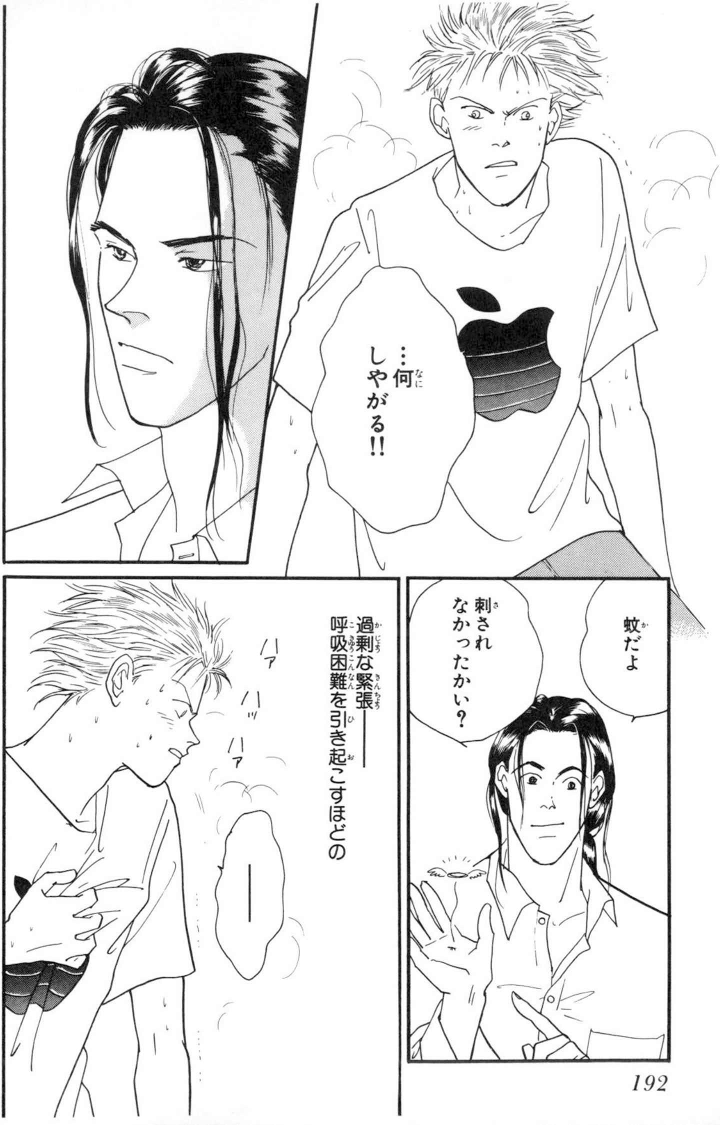

…何《なに》しやがる!!
蚊《か》だよ
刺《さ》されなかったかい?
過剰《かじょう》な緊張《きんちょう》──
呼吸困難《こきゅうこんなん》を引《ひ》き起《お》こすほどの
ハァ
ハッ
ハァ
―

大丈夫《だいじょうぶ》かい?
顔色《かおいろ》が悪《わる》い——
さ——
さわるな!!
アッシュ!?
身体《からだ》に触《ふ》れられることを
極端《きょくたん》にいやがる
緊張《きんちょう》と恐怖《きょうふ》
そして——殺人《さつじん》

6年前《ねんまえ》
いったい何《なに》があったのか
カシャ
カシャ
"ケープ・コッドの青髭《あおひげ》事件《じけん》"
――1976年《ねん》10月《がつ》21日付《にちづけ》 ボストン・タイムス
不動産会社社員《ふどうさんがいしゃしゃいん》ロバート・ピーターソンが
自宅《じたく》で8歳《さい》の少年《しょうねん》に射殺《しゃさつ》される事件《じけん》が起《お》こり
郡警察《ぐんけいさつ》の調査《ちょうさ》でピーターソンの自宅裏庭《じたくうらにわ》から
暴行《ぼうこう》され殺害《さつがい》されたと思《おも》われる10代《だい》の
少年《しょうねん》の遺体《いたい》が続々《ぞくぞく》と発見《はっけん》された
その数《かず》はおよそ15体《たい》――

ピーターソンを射殺《しゃさつ》した少年《しょうねん》は
彼《かれ》が監督《かんとく》をつとめる少年《しょうねん》野球《やきゅう》チームの
メンバーで度々《たびたび》ピーターソンから
性的虐待《せいてきぎゃくたい》を受《う》けていたと思《おも》われる
野球《やきゅう》チームの監督《かんとく》…!
野球《やきゅう》は嫌《きら》いだ
極度《きょくど》の緊張《きんちょう》
成人男性《せいじんだんせい》に対《たい》する本能的恐怖《ほんのうてききょうふ》
深刻《しんこく》な精神的外傷《トラウマ》…

放《はな》せよ！
？
なんだと？
なんだその口《くち》のきき方《かた》は！
どうもあまりいいシチュエーションではなさそうだな
おれにそんな口《くち》をきいていいのか
ええ？
アッシュ！
ガサッ
そこにいるのかい？

なんだ
あんた
あんたこそ
なんだ?
ザッ
マービン
ムッシュウが
お呼《よ》びだ
早《はや》く来《こ》い
……
彼《かれ》はもともと
路上《ろじょう》で暮《く》らす
ストリート・キッズだったという

それにしても恐《おそ》ろしく頭《あたま》のいい子《こ》だ
授業内容《じゅぎょうないよう》の豊富《ほうふ》さとレベルの高《たか》さも驚《おどろ》きだが
それらを理解《りかい》するだけでなく
専門家《せんもんか》である教師《きょうし》たちをむこうに回《まわ》して
一歩《いっぽ》もひかず対等《たいとう》に議論《ぎろん》する早熟《そうじゅく》な知性《ちせい》はまさに天才《てんさい》――だ
確《たし》かによくできているのは外側《そとがわ》だけではないようだな
「天才《てんさい》」を見《み》いだし 育《そだ》てる恍惚《こうこつ》
ムッシュウでなくとも魅了《みりょう》されるだろう

Stephen I LOVE YOU
STEP in
STEP OUT
kiss me
WOWooo
CHK
Flying
Zebra
ストリート・キッズの中《なか》にいても彼《かれ》はひどく目《め》立《だ》つ
何《なに》よりその美貌《びぼう》が際《きわ》立《だ》っているせいもあるが
ほかの少年《しょうねん》たちを圧倒《あっとう》する何《なに》かがこの14歳《さい》の少年《しょうねん》にはすでに備《そな》わっていた

目立《めだ》つということは
標的《ひょうてき》にされる
ということを意味《いみ》する
暴力《ぼうりょく》が
支配《しはい》する
世界《せかい》では
美《うつく》しさなど
呪《のろ》いでしかない
LOVE
LOVE

バギッ
ドカッ
驚《おどろ》いたな
基本的《きほんてき》な攻撃《こうげき》マニュアルは
すでに身《み》につけている
か弱《よわ》くおびえている
ように見《み》せかけ
相手《あいて》を油断《ゆだん》させる
自分《じぶん》の最大《さいだい》の弱点《じゃくてん》を
逆《ぎゃく》に武器《ぶき》にするとは——
!

ドンッ
顔色《かおいろ》ひとつ
変《か》えない

ずばぬけた反射神経《はんしゃしんけい》
正確《せいかく》な射撃《シューティング・テクニック》
威嚇《いかく》も警告《けいこく》もない
問答無用《もんどうむよう》の一撃《いちげき》
それは容赦《ようしゃ》なく
背筋《せすじ》も凍《こお》る
冷酷《れいこく》さだ

〃私《わたし》はあれを神《かみ》の器《うつわ》と思《おも》っている〃
神の器《アマデウス》か
魔王《ルシフェル》か
ムッシュウ あなたは——
いったい何《なに》を
見《み》つけられたのです？

あの男《おとこ》は…
確《たし》か——
〝マービン〟
アッシュの表情《ひょうじょう》が
一瞬《いっしゅん》にして変《か》わる
同一人物《どういつじんぶつ》とは
とても思《おも》えないほどに
油断《ゆだん》させるため
装《よそお》っているのではない
本気《ほんき》でおびえているのだ
……

HOTEL
moon
HOTEL MOON
MOVIE XXX
HOTEL MOON
HOTEL MOON
なんとまあ
絵《え》に描《か》いたようないかがわしさだな
HOTEL
moon
…
I LOVE N·Y
I LOVE
BIG APPLE
出《で》てきた
——のはいいが
アッシュがいない？
HOTE
ガタ
I LOVE N·Y
I LOVE

失礼《しつれい》
FRONT
今《いま》出《で》ていった男性《だんせい》だけど
連《つ》れがいませんでしたか
FRONT
…なんだあんた
え
いやあの…
おっと――まずかったかな
Mr.《ミスター》マービンの知《し》りあいですよ
ご心配《しんぱい》なく
ああ
5階《かい》の515号《ごう》だ
なるほど
ガーベイ氏《し》は常連《じょうれん》らしい
カギはガキが持《も》ってるよ
あんたナニのほうもタッパにあわせてデカいのか?
ガキをブッこわすなよ
ギャハハハ
……

Suck my dick
SEX
Special
kiss my ass
Robert De Niro is best
アッシュ
515
515
そこにいるのかい？
コツ
コツ
ガチャ
!?

アッシュ!?
く——
来《く》るなっ!!

ガク
ガク
ガク
いけない!!
I LOVE NY
ヒクッ
……

アッシュ!!
アッシュ 呼吸《こきゅう》するんだ!! 大《おお》きく ゆっくりと——!!
暴《あば》れるんじゃない!!
ぎゅ
何《なに》もしないから!!
落《お》ちついて! 私《わたし》を信《しん》じなさい!!

何《なに》もしないよ
信《トラスト・ミー》じなさい
落《お》ちついて…
大丈夫《だいじょうぶ》だよ
ゆっくり大《おお》きく息《いき》をして
そう その調子《ちょうし》——
フゥ…

何年《なんねん》ぶりだろう
こうして誰《だれ》かを抱《だ》きしめるのは…
ガチャ.

さっぱりした？
まあ座《すわ》りなさい
I LOVE N·Y
お茶《ちゃ》をどう？
自販機《じはんき》のだから味《あじ》は保証《ほしょう》しないけど
…
I LOVE N·Y
I LOVE APPLE
…君《きみ》のプライバシーに立《た》ち入《い》るつもりはないけれど

君《きみ》と彼《かれ》とは合意《ごうい》の上《うえ》ではないんだね？
だったら彼《かれ》は罰《ばつ》を受《う》けるべきだ
ムッシュウはご存《ぞん》じないんだろう？
…マービンと
タコおやじのどこが違《ちが》うっていうんだ？
おれのことはもう…知《し》ってンだろ？
おれを──タコに売《う》りつけたのはあのマービンなんだぜ！

あいつらのどこに
違《ちが》いがあるんだ
小便《しょうべん》くさい安《やす》ホテルでやるか
羽根《はね》ぶとんにくるまれてやるか
——ただそれだけじゃねぇか
あいつらの目《め》——
からっぽなんだ…
なんにもないんだよ…
からっぽの真《ま》っ暗《くら》な部屋《へや》
のぞいてるみたいな
あいつらみんな
同《おな》じ目《め》をしてる
恐怖《フィアー》と——怒り《アンガー》

そしておんなじことを言《い》うんだ
怒《いか》りが恐怖《きょうふ》に打《う》ち勝《か》った時《とき》
おれのほうが…誘《さそ》ったんだって…!
彼《かれ》は冷酷《れいこく》な魔性《ましょう》の獣《けもの》になるのだ
あいつら——
いつか後悔《こうかい》させてやる…!
…タコおやじに言《い》う?
I LOVE N.Y

いや
君《きみ》が望《のぞ》まないなら…言《い》わないよ
いつか君《きみ》が君《きみ》の手《て》で罰《ばつ》したいのならそうするといい
I LOVE N・Y
…ふふっ
なんだい?
へえ…笑《わら》ったぞ
…

あんたそーゆーカッコ
てんで似《に》あわねーなあ
貸《か》し衣装《いしょう》
みたいだぜ
ン?
似《に》あわねーか?
I LOVE NY
I LOVE
BIG APPLE
ますます
似《に》あわねー
スラングなんて
やめとけって
笑《わら》うと本当《ほんとう》に
かわいい子《こ》なのだ

もし彼《かれ》が
恐怖《きょうふ》ではなく愛《あい》を与《あた》えられていたら
犯《おか》すのではなく やさしく抱《だ》きしめてくれる 誰《だれ》かの腕《うで》があったら
いや── もうよそう
飲《の》むかね?
いえ けっこうです
彼《かれ》には選択《せんたく》の余地《よち》などなかったのだから
これまでも これからも…

で？
そろそろ君《きみ》の意見《いけん》を聞《き》かせてもらえるのかな
…答《こた》えはもう出《で》ていますね
あなたの目《め》は確《たし》かです ムッシュウ
では承知《しょうち》してもらえるのだな
その前《まえ》にひとつだけ
確《たし》かめておきたいことがあります
なんだね

彼《かれ》はあなたに背《そむ》くかもしれません
〝神《かみ》の器《うつわ》〟とおっしゃいましたね
器《うつわ》ならば創造《そうぞう》した者《もの》に背《そむ》くことはない
だが彼《かれ》は人間《にんげん》です
人間《にんげん》を支配《しはい》することはたやすいことではありません
私《わたし》がいい例《れい》です

その時《とき》 彼《かれ》は
あなたにとって
これ以上《いじょう》ないほど
手強《てごわ》い敵《てき》に
なるでしょう
その覚悟《かくご》が
おありですか?
覚悟《かくご》など
必要《ひつよう》ない
必《かなら》ず従《したが》わせて
みせる

…わかりました
お引《ひ》き受《う》けします

ずいぶんと なまいきな 口《くち》をきくように なったもんだなあ
え？
…何度《なんど》だって 言《い》ってやらあ
もう絶対《ぜったい》あんたの 言《い》いなりには ならねえ！
おまえ ムッシュウの お手付《てつ》きに なったからって いい気《き》になんじゃ ねーぞ！
このガキ！
!?

なぜその子《こ》をなぐる?
なんだてめえは!?
私《わたし》はムッシュウ・ゴルツィネから彼《かれ》の教育《きょういく》をまかされている
あんたのこともよく知《し》ってるよ…あんたが彼《かれ》に何《なに》をしたかも

！
うわあぁぁあ！
うあ！

…ムッシュウには内密《ないみつ》にしておいてやる
だがこれからこの子《こ》に指一本《ゆびいっぽん》触《ふ》れてみろ
腕《うで》だけではすまないぞ！

ガク ガク ガク
ガチ
ガチャ
おいで アッシュ

…あれって骨《ほね》折《お》れちゃったの？
まーね
でも小便《しょうべん》ぐらいはできるさ
バットみたいにデカくなきゃ

でも どうやってやったのさ
人間《にんげん》の手《て》の骨《ほね》って そんなにカンタンに 折《お》れちゃうわけ？
力《ちから》の方向《ほうこう》と 急所《きゅうしょ》の問題《もんだい》さ

…さてと
これが何《なに》か わかるかい？
“アルジェの戦《たたか》い” カスバの攻防《こうぼう》のシミュレーション？
そのとおり
ただし これから先《さき》は君《きみ》と私《わたし》でオリジナルの戦闘《せんとう》シミュレーションを展開《てんかい》する
私《わたし》は仏軍《フランスぐん》を
君《きみ》はアルジェリア民族解放戦線《FLN》を率《ひき》いてカスバ攻略《こうりゃく》を計《はか》る
……

現地《げんち》の気象状況《きしょうじょうきょう》 所有《しょゆう》する重火器類《じゅうかきるい》などの 情報《じょうほう》は手元《てもと》のファイルに
これから数日間《すうじつかん》 君《きみ》は死力《しりょく》をつくして 私《わたし》と戦《たたか》うんだ
いいね？
では キック・オフだ
君《きみ》から どうぞ

コト
…アッシュ
アッシュ?

…えっ
どーしたんだよ
急《きゅう》に黙《だま》っちゃって
なんかあったの？
…いや

なんでもねぇよ
気《き》にすんな
ならいいけどさ
………

1995年別冊少女コミック1月号に掲載

うらBANANA
あーー
おわった おわった
まーー
ババアのワリにゃがんばったよな
おつかれさまでしたー
ぼりぼり
アンタたちも…メシも食《く》わんとギャラももらわんと
よくガンバってくれて…
……
まったくだな
オレなんかなぐられるわ 刺されるわ 撃たれるわ 犯されるわ
エートボクは犯されはしなかったケド…
読者《どくしゃ》の手紙《てがみ》でイチバン多《おお》かったのは?
みなさんアリガトウございました
ちゃんと全部よんでます。
返事《なかなか》だせんけど
アンタを殺《ころ》さないでってやつ
はははは
そーだろーなやっぱ
すぱー
キミってホントは人がいうほど傷つきやすくもデリケートでもないんじゃないの?

キャラクターで一番人気《いちばんにんき》あったのは？
エ
あとマックスとか
ショーターね
エヘ
意外に月龍もね
フン
1位《いちい》がアッシュ
やっぱなー
たかびー
キミって やっぱり……
2位《い》が英二《えいじ》
3位《い》がシンね
わーい
で意外《いがい》に人気《にんき》あったのがディノ・ゴルツィネおやぢ
げっ
マジかよ!?
あたりまえだ 私の美しさをもってすれば……
アッシュ命
うーん 一途《いちず》っていえば一途《いちず》かもね……
ブランカも上位《じょうい》だったっす
あたりまえだ スーツは男の戦闘服だぞ
ちなみに私の好みはアルマーニよりむしろセルッティである。アルマーニはハリウッド的でよくも悪くもうんぬんかんぬん
ちえっ あいつ着《き》るモン金《かね》かけてっからな——
おれなんかいっつもGパン
なんで？なんでこんなに差つけんの？
あと「"FISH《フィッシュ》 BONE《ボーン》"のブランドはどこに売《う》ってるんですか」ってのも
これは勝手に作ったヤツ。実際にはないよ
Tシャツはおれの戦闘服さ なーんてな
FISH BONE
それからアッシュを日本《にほん》に来《こ》させてくださいというのが多《おお》かったです
日本でのおハナシを作ってくれっていうのがね
温泉旅館の師弟対決
キューティクルのお手入れたいへん
このあとがおたのしみじゃのお
あっ なんだよ 大人げないヤツ!
マッチポイント!
バカもの 勝負にオトナもコドモもあるか
あーいい湯だった—
もーすぐマジになんだから

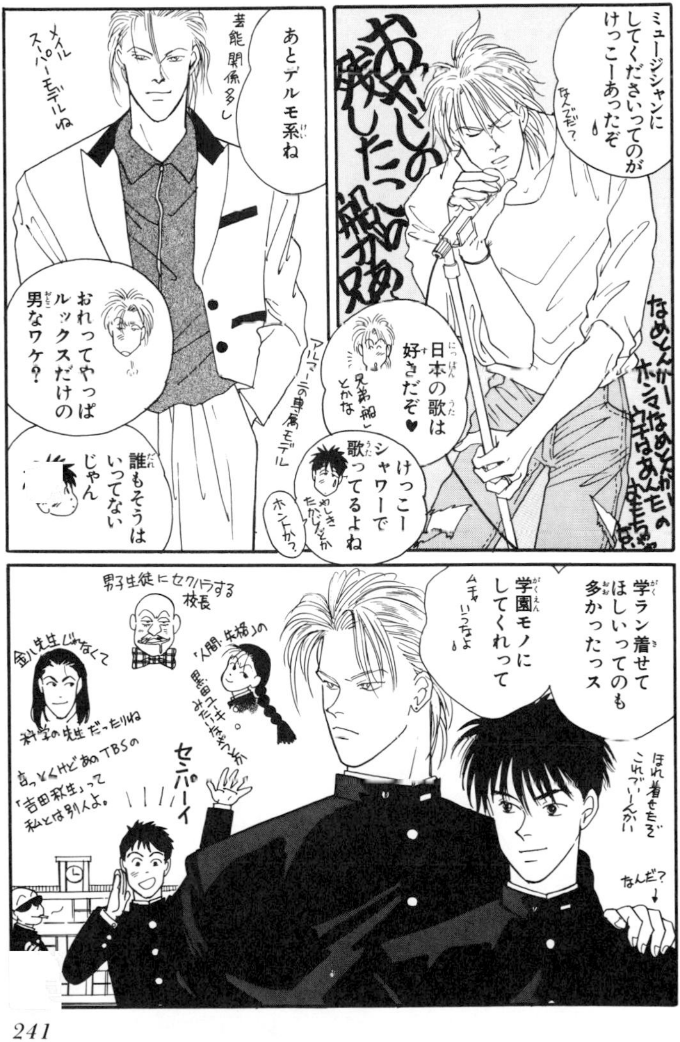
ミュージシャンにしてくださいってのがけっこーあったぞ
なんでだ？
日本《にっぽん》の歌《うた》は好《す》きだぞ♥
「兄弟船」とかな
けっこーシャワーで歌《うた》ってるよね
やしき たかじんとか
ホントか？
あとデルモ系《けい》ね
芸能関係多し
メイル スーパーモデルね
おれってやっぱルックスだけの男《おとこ》なワケ？
誰《だれ》もそうはいってないじゃん
アルマーニの専属モデル
学《がく》ラン着《き》せてほしいってのも多《おお》かったっス
学園《がくえん》モノにしてくれって
ムチャいっちょよ
ほれ着せたぞ これでいーんかい
なんだ？
男子生徒にセクハラする校長
金八先生じゃなくて
科学の先生だったりね
「人間・失格」の
センパーイ
言っとくけどあのTBSの「吉田秋生」って私とは別人よ。

連載《れんさい》長《なが》かったからいろんなことあったな――
ソ連《れん》がなくなっちゃったのはシャレになんないよな
温泉旅館の夜もふけて座も乱れてまいりました。
もともとあれは東西《とうざい》の冷戦時代《れいせんじだい》の話《はなし》だもんね
とーちゃん もっと見せて～
おおくさん…
あと…あんましいいたくないけどちゃんと18巻《かん》で終《お》わんなかったこと
ちぇっ 30Pはみだしちゃったぜ
言いわけはいたしますまい。
ご存知ない方は今すぐ「BANANA FISH」全19巻を読んでくれたまい♥
こいつさんざんな言われ方♪
19巻《かん》の「光《ひかり》の庭《にわ》」は本編《ほんぺん》が終《お》わって7年後《ねんご》っていう設定《せってい》だよね
あれはまあキザにゆーなら「鎮魂《ちんこん》と再生《さいせい》の物語《ものがたり》」が描《か》きたかったってことスかね
23才シンは身長190センチ
あれもはじめはすんげー長い話になっちまった苦労して半分にちぢめましたっス。
ちぇっあいつオレより背高《せたか》くなりやがんの
まね
予定《よてい》のページ数《すう》に収《おさ》まんなかったとかサ 80P《ページ》ぐれーかなーと思《おも》ったら160P《ページ》になっちゃったーなんてのはよくある話《はなし》で
マ やっちゃったもんはしゃーないわな
ねえよっ♪
いきなりいなおるなよ
へっ

「Fly《フライ》 boy《ボーイ》, in《イン》 the《ザ》 sky《スカイ》」ってけっこー昔《むかし》に描《か》いたヤツだよね
なげえタイトル
そーそー英《えい》ちゃんと伊部《いべ》さんの初《はじ》めての出会《であ》いのおハナシです
カラオケ大会
持ち歌一覧表
アッシュ…「YAH YAH YAH」
英二 …「Hellow, My Friend」
ゴルツィネ…「さそり座の女」
ショーター …「RUNNER」
シン …「愛は勝つ」
月龍 …「うらみます」
ブランカ …「贈る言葉」
マックス・ロボ …「おやじの海」
はっはっは
昔《むかし》のおまえってホントイナカの高校生《こうこうせい》なのな――
そーゆー君《きみ》だって元《もと》はイナカの子《こ》じゃん
走る―走る―オレたち―
いーぞサンプラザー
締めはおやくそくの
露天風呂,
てなワケで長《なが》いコトおつきあいくださいましてありがとーございました
どんなワケだ
まいろいろご不満《ふまん》もございましょーが
じゃあな
まだよんでないヒト「BANANA FISH《バナナ フィッシュ》」全《ぜん》19巻《かん》よんでね♥
長いぞ―

FISH BONE

Fly boy, in the sky

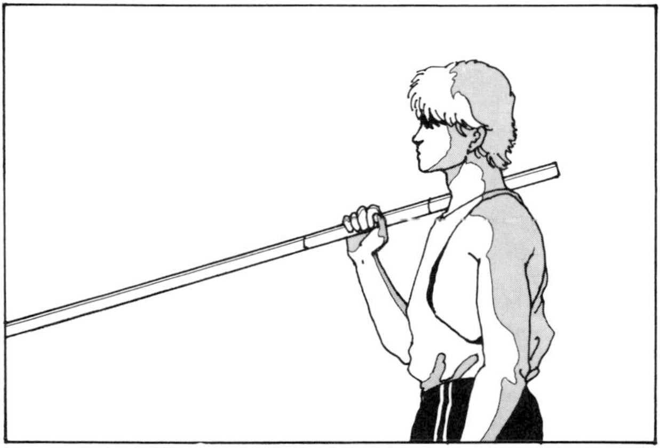

〈1984年作品〉

ねえ
これ
今《いま》描《か》いてるやつ？
うん
ん？
ふーーん
なんか いかにも「迷《まよ》ってる」ってカンジの色《いろ》ね――

迷《まよ》ってるよーな色《いろ》ネ―――か
マイッチャウナー
当時《とうじ》 ぼくは某美術大学《ぼうびじゅつだいがく》3年《ねん》に籍《せき》をおいていました
あっ いーベチャン おそかった ジャンー
ジャラ ジャラ ジャラ
なんだヨ また やってンのかよ
よくあき ねえな――
おせーぞ 4時《じ》っつった じゃん
「デザイン大賞《たいしょう》」な―― 応募《おうぼ》テーマ決《き》まったぞ 今年《ことし》もまた「キャノン」でいく キャノンのCM《シーエム》プロデュース
写真《しゃしん》 まかした からな
ああ…

伊部《いべ》チャン ハンチャン つきあい なさいヨ
いやよン ワタシおカネ ないのヨン
いひひひ 英子《エーコ》チャンから おこづかい もらってないの?
彼女《かのじょ》ソートー 給料《きゅうりょう》 いいんでしょー
いいなー 一流会社《いちりゅうがいしゃ》の OLなんてー
このすけべ!
もみ もみ
年上《としうえ》の女《ひと》って いいなー ゼッタイいいよー おれ そーいうの 好《す》きだなー
キャハハ やめて サイトーくん いけないよ キミ
プチン
早く ケッコンして ハウスハズバンドに なっちゃえよーっ
そーか… もう4年《ねん》に なるか……
あいつ 来年《らいねん》 28だものな やっぱ ケッコン したいのかな…
でも おれ まだ 学生《がくせい》だし…
クリア しました 水野《みずの》!
おつ棒高跳《ぼうたかと》びか
これも いまいち マイナーな 種目《しゅもく》 だよなァ…
明聖高校《めいせいこうこう》 水野和彦《みずのかずひこ》 高校新記録《こうこうしんきろく》です 5メートル25——

それは高校総体《インターハイ》の再放映《さいほうえい》で
ちょうど棒高跳《ぼうたかと》び競技《きょうぎ》の決勝戦《けっしょうせん》でした
ぼくはいつしか優勝《ゆうしょう》を争《あらそ》う2人《ふたり》の少年《しょうねん》のうちたった今《いま》高校新記録《こうこうしんきろく》をだした大柄《おおがら》な高校生《こうこうせい》より頭一《あたまひと》つ小柄《こがら》なもう1人《ひとり》の少年《しょうねん》にひどく心《こころ》をひかれました
彼《かれ》はほとんど「悲《かな》しそう」といっていい表情《ひょうじょう》をしていました
画面《がめん》を通《とお》して彼《かれ》の緊張《きんちょう》と心臓《しんぞう》の音《おと》が伝《つた》わってくるような感《かん》じでした
さて 最後《さいご》の跳躍《ちょうやく》に入《はい》ります山王寺高校《さんのうじこうこう》奥村英二《おくむらえいじ》——
寺高
目《め》の前《まえ》のあのバーを跳《と》びこさなければ確実《かくじつ》に彼《かれ》は負《ま》けるのです

おい 日本《にほん》シリーズ 日本《にほん》シリーズ
それ ポン!!
ちょっ ちょっとまって!
なんだよ?
なんだァ? こりゃ 棒高跳《ぼうたかと》び?
今《いま》 こいつが 跳《と》ぶとこなんだ ちょっとまってろよ
シッ
助走《じょそう》に 入《はい》りました 奥村《おくむら》――
スピードを あげています
あ! 足《あし》…

あー　おしい！
左足《ひだりあし》がかすかにバーをかすりました！
おしくも2位《い》におわりました
島根《しまね》 山王寺高校《さんのうじこうこう》
奥村英二《おくむらえいじ》
この瞬間《しゅんかん》 2年連続《ねんれんぞく》
優勝《ゆうしょう》が決《き》まりました！
香川《かがわ》 明聖高校《めいせいこうこう》 水野和彦《みずのかずひこ》
水野《みずの》
高校新記録《こうこうしんきろく》で
優勝《ゆうしょう》です
あーおしい！
身体《からだ》はちゃんと越《こ》えてたのになー
足《あし》さえかすらなきゃあ…
………
おい もうかえてもいいだろ？
え？あ…ああいいよもう…
…

ガラッ
おい！どこ行くんだよ 伊部《いべ》！ 企画《きかく》は？
わりィ！ すぐもどる 先《さき》やってくれ 高橋《たかはし》
なんて名前《なまえ》だっけ…
オクダ オクヤマ オクムラ…そーだ 「オクムラ」だ！ 覚《おぼ》えてるぞ
優勝《ゆうしょう》を争《あらそ》う ほどの奴《やつ》なんだ ぜったい わかるはずだ
山田書店
書店
高校総体《インターハイ》 特集号《とくしゅうごう》…
オクムラ―― 棒高跳《ぼうたかと》び …棒高跳《ぼうたかと》び…と
陸上マガジン
あった！
「奥村英二《おくむらえいじ》」 島根県立《しまねけんりつ》 山王寺高校《さんのうじこうこう》2年《ねん》…
島根《しまね》！ うわあ 遠《とお》いなあ

な！ こいつ
ぜったい いいって！
棒高跳《ぼうたかと》びかァ… ちょっと マイナーじゃないかァ？
…それに まだ 高校生《こうこうせい》だろ
もう連絡《れんらく》とったんだ！ 先生《せんせい》が許可《きょか》してくれれば 写真撮《しゃしんと》らしてくれるって
でもォ 島根県《しまねけん》でしょ――？
とにかく いいんだってば！ 表情《ひょうじょう》が 顔《かお》ばっかじゃなく 身体全体《からだぜんたい》の 表情《ひょうじょう》がさ
もう こいつっきゃ いないって！ カメラのCM《シーエム》だろ？
やっぱ 表情《ひょうじょう》が いい奴《やつ》でなきゃ
島根《しまね》かあ… 遠《とお》いよなァ… おれ 金《かね》ないよ
おれ 1人《ひとり》で いいよ！ もうキップも 買《か》ったし
明日《あした》にでも いってくるよ
ずいぶん ホレこんだ もんだなあ…
このガキのどこが そんなにいいのか 今《いま》ンとこ おれにゃ サッパリ わかんねえなあ
その写真《しゃしん》じゃ わかんねーよ
とにかく おれ そいつに会《あ》って 写真撮《しゃしんと》ってくるから 使《つか》う 使《つか》わないは それから 決《き》めてくれよ
な？

島根県《しまねけん》○市《し》
ふーっ
あー もう バテた
なんだって 山《やま》のてっぺんに 学校《がっこう》 おっ立《た》てなきゃ なんないんだい
ファイトー オー ファイトー
ファイト ファイト…と
島根県

あー 伊部《いべ》 俊一《しゅんいち》さん？
はい どーもすいません ムリなおねがいを しまして…
あー あんたですか 奥村《おくむら》の写真《しゃしん》 撮《と》りたいっちゅう 人《ひと》は
いやーはっは… 私《わたし》 奥村《おくむら》の担任《たんにん》で 陸上部《りくじょうぶ》の部長《ぶちょう》 やっとります 佐五《さご》です
ほーほー なるほど デザイン賞《しょう》 ですかー
もちろん 商業目的《しょうぎょうもくてき》 ではありませんし あくまで 学生《がくせい》の研究課題《けんきゅうかだい》 として応募《おうぼ》しますので
じゃまー とにかく 本人《ほんにん》のとこへ案内《あんない》 しますワ 今《いま》ちょうど 練習中《れんしゅうちゅう》ですので
あ すいません
ほー 油絵科《あぶらえか》ねえ… じゃ 将来《しょうらい》 画家《がか》に なられるんで
いやー まさか…
あー あそこに いるんが 奥村《おくむら》ですワ
言《い》われなくても すぐ 彼《かれ》だと わかりました

彼《かれ》は棒高跳《ぼうたかと》び用《よう》の
ピットの前《まえ》で あの
長《なが》いポールを持《も》って
ぼんやりと立《た》っていました
奥村《おくむら》！
伊部《いべ》さんだよ
けさ
お着《つ》きに
なったそうだ
や
はじめまして
伊部《いべ》です
…あ
どうも…
奥村《おくむら》でス…
それが彼《かれ》の
第一声《だいいっせい》でした
第一印象《だいいちいんしょう》は
ずいぶん
目《め》のデカい子《こ》
だなァ──
という感《かん》じでした

……
彼《かれ》はテレビで見《み》た印象《いんしょう》ほど小柄《こがら》ではなく
じ〜っ
?
?
…え?
…
もちろんスポーツ選手《せんしゅ》にしては小柄《こがら》かもしれませんが
ひどく幼《おさな》く中学生《ちゅうがくせい》みたいに見《み》えたのは童顔《どうがん》のせいだということがわかりました
な なんだろうこの子《こ》は…なんで そんなにおれをにらむんだ?
おれなんか悪《わる》いことしたかな
じーっ
?
たつたのむからそのでつかい目《め》でにらまないでくれ
おちつかなくてかなわん
じーっ
わ〜
あっあのー先生《せんせい》!
練習《れんしゅう》見《み》せてもらっていいでしょうかよかったら 少《すこ》し写真《しゃしん》も…
ハアー どーぞ どーぞ

カシャ
奥村
カシャ
うーん…やっぱ カタくなってるな
カメラをバッチリ意識《いしき》しちゃってる
まァ 最初《さいしょ》はしようがないか…

山王寺《さんのうじ》高校《こうこう》陸上部《りくじょうぶ》
部員《ぶいん》35名《めい》
うち 棒高跳《ぼうたかと》びの
選手《せんしゅ》は7名《めい》
部長《ぶちょう》の
佐五先生《さごせんせい》は
英語教師《えいごきょうし》
ピカッ
オーイ
フライ・ボーイズ
カームヒーヤー
なまりのある
英語《えいご》で
彼《かれ》らを
こう呼《よ》んだ
コーチは体育大《たいいくだい》を
出《で》たばっかりの
野中先生《のなかせんせい》
エヘ、写真ですか……
イヤー！
テレちゃうスよ
〝フライ・ボーイ《飛び屋さん》〟か
うん悪《わる》くないなア
タコ先生《せんせい》
コピーの才能《さいのう》
あるな——
おーっ
一年
あと5周ー
ひーーっ

棒高跳《ぼうたかと》び――という競技《きょうぎ》は見《み》た目《め》には長《なが》い棒《ぼう》を使《つか》ってより高《たか》く跳《と》ぶ――という単純《たんじゅん》な動作《どうさ》で成《な》り立《た》っているように見《み》えます
しかし 実際《じっさい》には強《つよ》い筋力《きんりょく》柔軟性《じゅうなんせい》・瞬発力等《しゅんぱつりょくとう》高度《こうど》な技術《ぎじゅつ》を必要《ひつよう》とされる陸上競技中《りくじょうきょうぎちゅう》 最《もっと》も難度《なんど》の高《たか》い競技《きょうぎ》です
1本《ぽん》のグラスファイバーポールに自分《じぶん》の全体重《ぜんたいじゅう》をのせて
より高《たか》く「飛《と》ぶ」のです
わーっ たっ高《たか》いなー これで 何《なん》メートルくらいあるの？
えーと ちょうど4メートルかな
ひぇーっ こんなに高《たか》いとは思《おも》わなかった こいつを跳《と》ぶのかァ…

まるで2階《かい》だての家《いえ》の窓《まど》に飛《と》びこむようなもんだなー
ねちょっと ポール持《も》たしてくれない？
いいスよ
わっ おもい！
これ はしっこ持《も》つと けっこう重《おも》いなあ
これで跳《と》ぶのかァ…
たまらんなァ… おれなんかイッパツで骨《はね》折《お》るよ
クス クス
ヒッ ヒッ
へーっ わざわざ東京《とうきょう》からあ
すげーな 奥村《おくむら》ぁ スターじゃんよ
ばーか そんなんじゃねーよ
でも なんで おれの写真《しゃしん》なんですか!?

やー…まあ そのー ひらめきって やつかなー…
へー…
じーっ
わー また… でかい目《め》で にらむなとゆーのに
！
ね 奥村《おくむら》くん 君《きみ》 ひょっと して 目《め》ェ 悪《わる》くない？
え？
あ…わかります？ おれ 近眼《きんがん》なんスよね…
近眼《きんがん》—— そんな でっか… あ いや
いけねえ！
彼《かれ》はどうやら 童顔《どうがん》の大《おお》きな 原因《げんいん》になっている パッチリした目《め》を 気《き》にしていた ようでした
わかってますよ… デカ目《め》って いいたいんでしょ
でも 目《め》の大《おお》きさと 視力《しりょく》は別《べつ》に比例《ひれい》 しないと思《おも》うけどな

でも メガネ かけなくて いいの？
競技《きょうぎ》に さしつかえないかい？
だってさ…すぐ 「目《め》が4つある」 なんて いいやがるしさ
だいいち カッコわるいよ…
そーか！凝視《ぎょうし》する クセは 目《め》が悪《わる》い せいか…
それにしても 見《み》てくれのほうが 気《き》になる年頃《としごろ》 なんだなー かつわいいなー
？
にゃ にゃ
おやぢの心境
5日《か》めに なって ようやく 彼《かれ》はリラックスし カメラの存在《そんざい》を 意識《いしき》しなくなり ました
もちろんまだ “打《う》ちとける”というほど 心《こころ》を開《ひら》いてくれたわけでは ありませんが
少《すこ》しずつ いつもの「日常《にちじょう》」が 戻《もど》ってきました

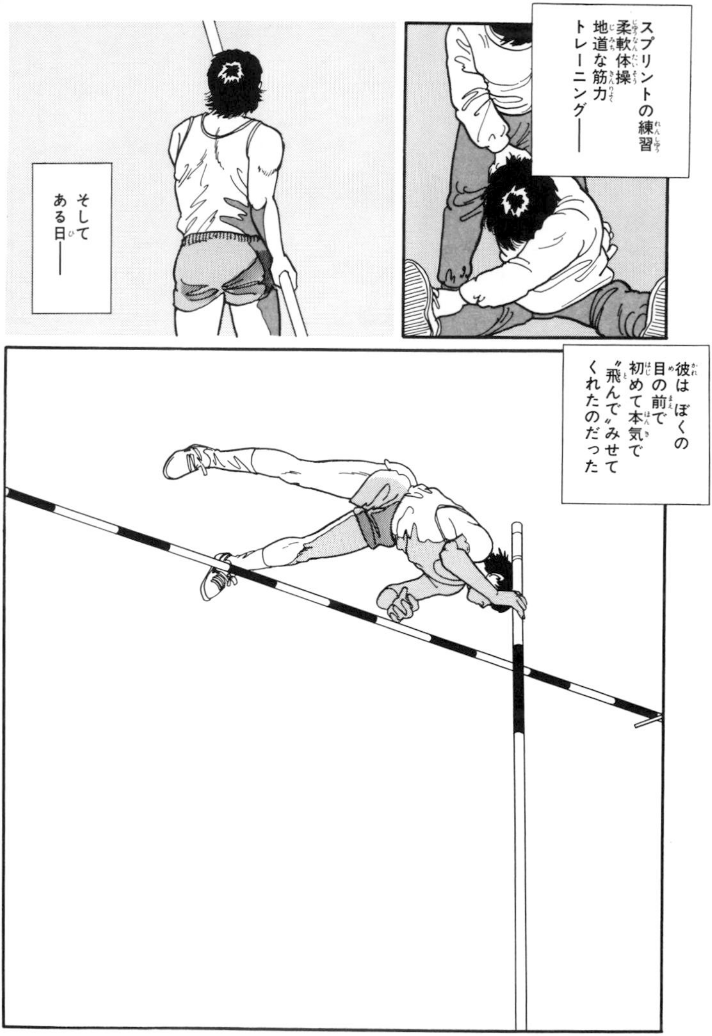
スプリントの練習《れんしゅう》
柔軟体操《じゅうなんたいそう》
地道《じみち》な筋力《きんりょく》
トレーニング――
そして
ある日《ひ》――
彼《かれ》は ぼくの
目《め》の前《まえ》で
初《はじ》めて本気《ほんき》で
〝飛《と》んで〟みせて
くれたのだった

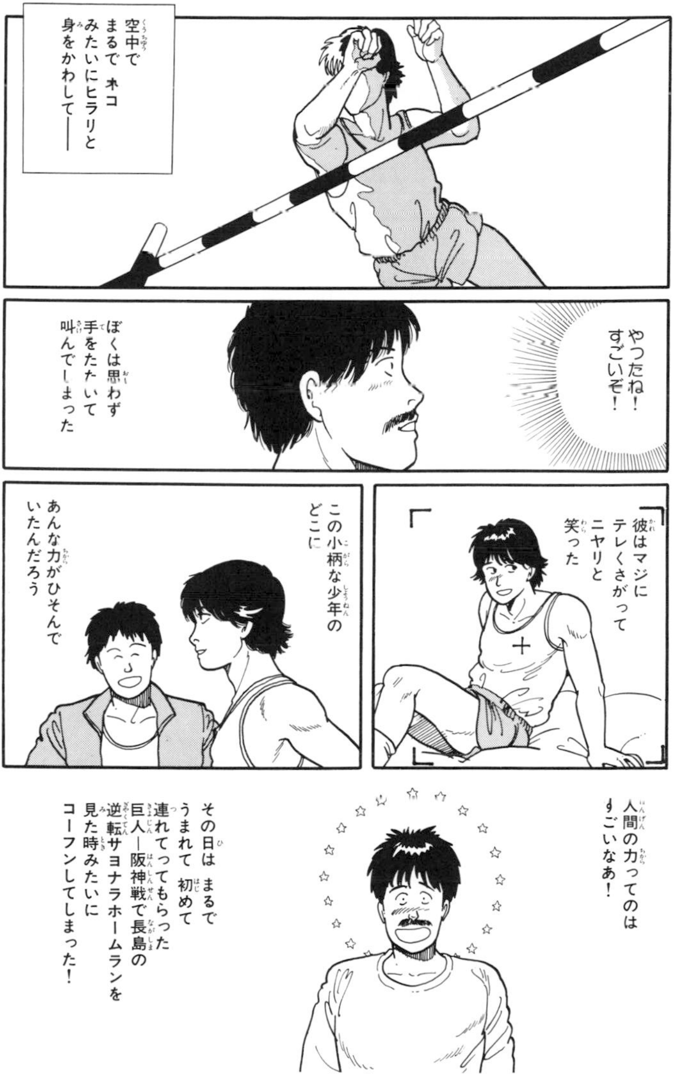
空中《くうちゅう》で
まるで ネコ
みたいにヒラリと
身《み》をかわして――
やったね！
すごいぞ！
ぼくは思《おも》わず
手《て》をたたいて
叫《さけ》んでしまった
彼《かれ》はマジに
テレくさがって
ニヤリと
笑《わら》った
この小柄《こがら》な少年《しょうねん》の
どこに
あんな力《ちから》がひそんで
いたんだろう
人間《にんげん》の力《ちから》ってのは
すごいなあ！
その日《ひ》は まるで
うまれて 初《はじ》めて
連《つ》れてってもらった
巨人《きょじん》―阪神戦《はんしんせん》で長島《ながしま》の
逆転《ぎゃくてん》サヨナラホームランを
見《み》た時《とき》みたいに
コーフンしてしまった！

伊部《いべ》さん どこに泊《と》まってるんですか？
え？
ああ 酒井屋《さかいや》っていう 旅館《りょかん》だよ
ああ あそこ よくないンですよ メシはまずいし ボロいし そのくせ高《たか》くて
うん まったく 同感《どうかん》だよ
…あの よかったら うちへ来《き》ませんか？
え？
きみんちへ…？ だって…
おふくろに 伊部《いべ》さんの こと 話《はな》したら 泊《と》まってもらえって
えー でも わるいなあ… お家《うち》の人《ひと》に
いやー 別《べつ》に… 今《いま》 うち オヤジ いないし
え？
入院《にゅういん》してンです 肝臓《かんぞう》わるくて

1年近《ねんちか》く おふくろと ばあちゃんと おれと あと 妹《いもうと》 だけだから…
女《おんな》ばっかで なんとなく おれもヤだし… もし 伊部《いべ》さんさえ ヤじゃなかったら
あ もしもし? おれだよ!
チャリン!
………
「おれ」ってどちらの「おれ」かしら?
…悪《わる》かったよ 連絡《れんらく》しなくて…
いやー いろいろ いそがしくてさー
ねえ お父《とう》さんから ハガキきてたわよ
おやじから?
あなた 教職《きょうしょく》 やめちゃったこと 知らせて なかったの?
あ? ああ…

まずいんじゃないそーゆーの お父《とう》さん あなたがガッコーの先生《せんせい》になるモンと決《き》めてかかってるみたいよ
……
チャリン！ チャリン
はやく ちゃんと説明《せつめい》したほうがいいんじゃない？
ああ…
今《いま》どうしてンの？ ちゃんと食《た》べてる？
ああ…きょうから例《れい》の奥村《おくむら》って子《こ》のうちに 泊《と》めてもらうことになってんだ…
あーあ…
マイッチャウナー…
さあ たんと食《た》べてくださいよ
ここらは海《うみ》のそばなんで魚《さかな》はうまいですけね
は どうもすみません

どォぞ…
あっとっ どうも…あ…っ もう けっこうです
ぼく あんまり 飲《の》めないんで
伊部《いべ》さんは どんな絵《え》 かかれるですか？
油絵《あぶらえ》 ですか？
彼《かれ》の母親《ははおや》は 色《いろ》の黒《くろ》い素朴《そぼく》な 感《かん》じの人《ひと》で
入院《にゅういん》している 父親《ちちおや》にかわって かんづめ工場《こうじょう》に つとめて家計《かけい》を ささえていました
はい まあ いちおう…
それでも この家《いえ》の人《ひと》たち には暗《くら》さという ものがなく
それが ほんとに 救《すく》いでした
へえー スポーツ写真《しゃしん》 ばっかり とってるんですか？
うん なんとなくね 好《す》きでね
やるほうは まるっきり だめだけど だから よけい あこがれる のかもね
わあ…
カッコイイな これ
それ 引退《いんたい》 試合《じあい》のときの 長島《ながしま》サンね

スポーツ写真家《しゃしんか》になれるんじゃないですか?
だって みんなすごくいい写真《しゃしん》だもの
ん? いやあ… そう うまくはいかないよ あれも なかなか大変《たいへん》だし…
そうかなあ… おれ すごくいいと思《おも》うけどなあ…
アハハハ…
そういってくれると自信《じしん》ついちゃうなー
たしかに その頃《ころ》
キャンバスにむかっているより ファインダーをのぞいているほうが ずっと楽《たの》しく夢中《むちゅう》になれたことは事実《じじつ》でした
しかし だからといって一《いち》から写真《しゃしん》をやりはじめる度胸《どきょう》も自信《じしん》もなく――
〝君《きみ》はなぜ棒高跳《ぼうたかと》びをするようになったの?〟
〝中学《ちゅうがく》の時《とき》 陸上部《りくじょうぶ》の先生《せんせい》に ちょっと跳《と》んでみろって いわれて… それが最初《さいしょ》でした〟

〝ほんの2メートルたらずだったんですけど〟
〝その時《とき》 フワッと身体《からだ》が持《も》ちあがってその感《かん》じが忘《わす》れられなくて〟
空《そら》にうかんでる時間《じかん》てどのくらいかな
さあー…せいぜい2秒《びょう》ぐらいじゃないかなあ
カシャ
2秒《びょう》かあ…そんなもんかなあ
…
こらこら
カシャ

…でさー 何《なに》を考《かんが》えてるの？
Nikon
え？
もちろん！お空《そら》の上《うえ》でさ

どーです いい写真《しゃしん》 撮《と》れましたかね？
ピカッ
ああ… 佐五先生《さごせんせい》
はい おかげさまで ずいぶん
ほー そりゃー よかった
しかし あなたも 熱心《ねっしん》ですなー 毎日《まいにち》かかさず 練習《れんしゅう》を見《み》に来《き》て
あきてきませんか？ 慣《な》れない人《ひと》には 単調《たんちょう》にみえるでしょ
いやー そんなこと ないですよ…
むずかしいんですねー 棒高跳《ぼうたかと》びって
こないだ ちょっと やらしてもらったんだけど とてもとても…
まー 最初《さいしょ》は 誰《だれ》でもねー
奥村《おくむら》の 家《いえ》に泊《と》まって らっしゃる そーですなあ
はあ ご厚意《こうい》に あまえて ます
そーですか そりゃそりゃ…
いやー あなたが 来《き》てから あの子《こ》が 明《あか》るくなりましてなー
最近《さいきん》 ふさぎがち だったんで
へ？
まー なんというか スランプ…ちゅうか
スランプ？ そうですか？ とても そうは みえなかったけど な…
インターハイの時《とき》 だって 負《ま》けはしたけど きれいに跳《と》んでたし

……
あのひょっとして家庭《かてい》のことだとか…お父《とう》さんが入院中《にゅういんちゅう》だってききましたけど…
え？ええ…まア…
それもあるでしょうなア…
もうそろそろ進路《しんろ》をきめなきゃならん時期《じき》ですし…
彼のおじさんちゅう人《ひと》が経済面《けいざいめん》の援助《えんじょ》を申《もう》し出《で》てくれとるですがなんせあーいう気性《きしょう》の子《こ》ですけねー
お父《とう》さんの具合《ぐあい》…そんなに悪《わる》いんですか？
ハアー…まあねエ…肝臓《かんぞう》ちゅうは一度《いちど》やられると長《なが》いいいますから正直《しょうじき》いってあまりようはないらしいスよ…
はあ…
そうだったんですか…
それに水野《みずの》に負《ま》けたのもショックだったんでしょうなァ…
水野《みずの》？あの優勝《ゆうしょう》した選手《せんしゅ》ですか？
ライバルっていわれたですからねー中学時代《ちゅうがくじだい》から
ところが最近《さいきん》たてつづけにあいつに負《ま》けとるんですよ

香川県《かがわけん》 明聖高校《めいせいこうこう》の
水野和彦《みずのかずひこ》は187センチの
めぐまれた体格《たいかく》と
ダイナミックな
フォームを持《も》つ選手《せんしゅ》で
水野
小柄《こがら》で
流《なが》れるようなフォームの
奥村英二《おくむらえいじ》とはまさしく
「柔《じゅう》」に対《たい》する「剛《ごう》」のように
対照的《たいしょうてき》でした
おれ 思《おも》ったより
背《せ》ェのびなかった
から…
棒高跳《ぼうたかと》びって
あらかじめ限界値《げんかいち》が
計算《けいさん》されてンです…
身長《しんちょう》とかダッシュ力《りょく》とか
そいつの握《にぎ》る
ことのできる
ポールの高《たか》さとかで…
だから おれみたいに
あまり背《せ》の高くない奴《やつ》は
抜《ぬ》きの幅《はば》をひろげることで
記録《きろく》を伸《の》ばすしかないんです
およそ 競技会《きょうぎかい》以外《いがい》
では顔《かお》をあわせる
こともない
この2人《ふたり》の少年《しょうねん》は
彼《かれ》らの意思《いし》とは
まったく無関係《むかんけい》に
「ライバル」と目《もく》され
「抜《ぬ》きの幅《はば》」って?
昔《むかし》から優劣《ゆうれつ》を
比《くら》べられて
きたのでした
ああ…
それは
…
おれは今《いま》 だいたいポールの
4m《メートル》のところを握《にぎ》って
5m《メートル》ぐらいコンスタントに
跳《と》ぶから その差《さ》の
1m《メートル》が今《いま》のおれの
抜《ぬ》きの幅《はば》ってことに
なるんです

水野《みずの》は彼《かれ》より15センチ
背《せ》が高《たか》いので その分《ぶん》
ポールの高《たか》い位置《いち》を
握《にぎ》れることになります
もし 奥村《おくむら》が水野《みずの》に勝《か》つ
チャンスがあるとすれば
もっと グリップの位置《いち》を
高《たか》くして抜《ぬ》きの幅《はば》を
広《ひろ》げることであり
それは 彼《かれ》に与《あた》えられた
「限界《げんかい》」を越《こ》えることを
意味《いみ》します
それが 彼《かれ》の骨《はね》や筋肉《きんにく》に
どれ程《ほど》の無理《むり》を
強《し》いるものか…
ぼくは思《おも》わず 憂《ゆう》うつに
なってしまいました
あんなに
若《わか》いのに…
まだ 子供《こども》じゃないか…
それなのに
勝《か》ち負《ま》けだの
素質《そしつ》だの限界《げんかい》
だのって…
そんなことで
悩《なや》まなきゃ
なんないなんて…
あー 雪《ゆき》!
初雪《はつゆき》だあー
雪《ゆき》!?
ずいぶん
早《はや》いんだなー
そりゃー 東京《とうきょう》
とはちがいますよ
これからは あんまり
外《そと》で練習《れんしゅう》
できないんです
雪《ゆき》が深《ふか》くなって
くるから
春《はる》までは体育館《たいいくかん》で
基礎練習《きそれんしゅう》だなー

もう
けっこう
たまったな…
そろそろ
3週間《しゅうかん》に
なるもんなあ…
うーん
これなんか
いい顔《かお》してンな
早《はや》いとこ
高橋《たかはし》に送《おく》って
やろう
ペタペタ
いったい
どういう
つもりなんだよ
化粧《けしょう》なんぞして
色目《いろめ》使《つか》っとるんか
オヤジのるすに
なんてこと
言《い》うがね!
この子《こ》は
いいか?
あン人《ひと》はな
おれの写真《しゃしん》
撮《と》りにきた
だけだらが
何《なに》勘《かん》ちがい
してンだ
あんな若《わけ》え男《おとこ》に
色気《いろけ》だし
くさって!
かあちゃん 別《べつ》に
そんなつもりじゃ
ねえ いうてるが!

……
そうか…父親《ちちおや》が
1年近《ねんちか》く 入院《にゅういん》してるっていったな…
もう長《なが》いこと「父親《ちちおや》」のいない家庭《かてい》
「男《おとこ》」のいない家《いえ》——
そうか…そうだな
そういう年頃《としごろ》なんだなぁ
17か…
おれもあのぐらいの時《とき》はああだったのかな
いったい何《なに》を考《かんが》えてたんだっけ

手《て》の中《なか》の長《なが》いグラスファイバーポール
目《め》の前《まえ》に高《たか》いバーがありくぎられた空《そら》が見《み》える
少年《しょうねん》は走《はし》りはじめ
スピードはさらに彼《かれ》を前《まえ》へと押《お》し出《だ》す
〝身体《からだ》がフワリと〟と彼《かれ》は言《い》った
スピードは上昇《じょうしょう》のエネルギーに変《か》わり
少年《しょうねん》の身体《からだ》ははじかれたように空《そら》に舞《ま》い上《あ》がる

〝別《べつ》に何《なに》も〟と彼《かれ》は言《い》った
〝何《なに》考《かんが》えてるんだい お空《そら》の上《うえ》で〟
〝別《べつ》に何《なに》も考《かんが》えてないスよ〟
でも その割《わり》に君《きみ》はずいぶんうれしそうだったじゃないか
いい顔《かお》してるよ そんな表情《ひょうじょう》マイッチャウナア
おれは望遠《ぼうえん》のファインダーをとおして ずっと見《み》てたんだぜ
まるでバード・ウォッチングみたいだな

そうですか お帰《かえ》りですか…
ええ おかげさまで いい写真《しゃしん》が 撮《と》れました
先生《せんせい》にも いろいろ お世話《せわ》になって しまって…
あはー いやいや…
あ これ みんなに… 練習中《れんしゅうちゅう》の スナップです
おーおー こりゃどうも…
「奥村《おくむら》には 会《あ》われましたかね?」
「いえ…でも けさ 学校《がっこう》へ行《い》く前《まえ》に あいさつしましたから…」

伊部《いべ》さん!
…
英二《えいじ》くん
東京
あー よかった 間《ま》にあった
これ…おふくろが どうぞって
ん?
カニです 松葉《まつば》ガニ
この辺《へん》の 名物《めいぶつ》なんです
春《はる》までは ずっと こればっかりで…
ハァ ハァ
カニかあ! いやあ うれしいなー おれ カニ大好《だいす》き なんだよねー ありがとう!
なんか あったかいな まだ ホカホカしてる!
不覚《ふかく》にも ホロリとしそーに なった トシのせいか こういうのには ホント弱《よわ》い
うん おふくろが さっき 工場《こうじょう》で ゆでたばっか だから

——「東京《とうきょう》」行《い》き 出雲《いずも》 2号《ごう》 まもなく発車《はっしゃ》 いたします ご乗車《じょうしゃ》の方《かた》は…
じゃ 元気《げんき》でね 写真《しゃしん》あとで おくるよ
はい
伊部《いべ》さんも お元気《げんき》で
また 遊《あそ》びに 来《き》てください
奥村《おくむら》くん
おれは…その こんなエラソーな こと言《い》える 立場《たちば》じゃない とは思《おも》うんだ けど…
君《きみ》もいろいろ 大変《たいへん》なのは よくわかるけど…
君《きみ》はもっと 自分《じぶん》のことを 考《かんが》えていいと 思《おも》うよ

もっと自分自身《じぶんじしん》のことをさ
もう少《すこ》し 自分《じぶん》本位《ほんい》になってもいいと思《おも》うんだ
君《きみ》 まだ17じゃないか おれを見《み》てみろよ… おれなんかもう25だぜ!
来年《らいねん》は6なんだ 2浪《ろう》したうえ 2回留年《かいりゅうねん》してるから… まだ このありさまだぜ!
でも おれは それでもいいと思《おも》ってンだ
いつか必《かなら》ず もっと真剣《しんけん》に自分以外《じぶんいがい》のことを考《かん》えなきゃならない時《とき》がきっと来《く》る…
それまでは 自分《じぶん》の気持《きも》ちになるべくさからわないようにしたいんだ
いいか…おれは君《きみ》の写真《しゃしん》が撮《と》りたかったんだ——
あのデカブツの水野《みずの》なんて野郎《やろう》じゃなく君《きみ》の写真《しゃしん》をね!
だって 君《きみ》は誰《だれ》よりも空《そら》を飛《と》んでたじゃないか…

君《きみ》はもっと自信《じしん》を持《も》っていいよ!!
シュー
あ くそー
ピシャン!!
……
「ワ」
「ス」
「レ」
「ワ・ス・レ・ル・ナ」
ガタン
ゴトン
ガタン
「忘《わす》れるな!」
——Bye《バイ》 bye《バイ》
Fly《フライ》ーboy《ボーイ》 …
ガタン
ガタン
ゴトン
ガタン

結局《けっきょく》 ぼくは君《きみ》に
なんにもして
やれなかったなぁ
エラソーなこと
言《い》っちゃって 自分《じぶん》は
どうなんだって 言《い》われりゃ
ひと言《こと》もないよ
ガタン
ゴトン
ガタン
ゴトン
でも どうか
忘《わす》れないでくれ
あの「感《かん》じ」を
“身体《からだ》がフワリと”
あの時《とき》の
気持《きも》ちを——
ワスレルナ
特急「出雲」車中にて. 83.11.30

よく年《とし》の3月《がつ》――
前略
こないだは デンワと中でも
ついでにゆっくり 東京見物していってくだ
原宿でも吉原でもオジサンにまかせなサイ。
P.S. お礼といっては何ですが キミにぜひ
コンタクトレンズをプレゼントしたい。
これさえあれば"目が四つある"などと
なくてすむし、なんといって
モテること うけあいだ R。
奥村英二様
ぼくたちは彼《かれ》をモチーフにした一連《いちれん》の作品《さくひん》で某新聞社主催《ぼうしんぶんしゃしゅさい》の学生《がくせい》デザイン賞《しょう》に応《おう》ボしました
デザイン賞

Fly boy, in the sky……
人間はなぜ 空を飛びたい、と思うのだろう。
それは 翼を持つことのできなかった者の
おそらく 単純で、そして永遠の夢だ。
自らの肉体だけで 空を飛ぶことは
はたして 永遠に不可能なのか。
弾力のある一本のグラス・ファイバーポール。
少年の身体は はじかれたように宙を舞った。
滞空時間 わずかに2.5秒。
その時、彼は笑っているように見えた。
一瞬のドラマを捉える、
Canon A-1
Canon

株式会社「キャノン」トータルコマーシャル プロデュース

art director	高橋和基
designer	高橋和基
copy writer	斎藤　勝
photographer	伊部俊一

飛び屋さん、空の上。

特選

!
ごめん待った？
ううん今《いま》来《き》たところ
いい絵《え》じゃない…すてきだわこれ
いい感《かん》じだしてるじゃない

あ 奥村《おくむら》くんね？ すぐ わかったわ
あ 彼女《かのじょ》 上村英子《かみむらえいこ》 さん
はじめまして… 奥村《おくむら》です…
じーっ
また…
かわいーい！ いいなー 若《わか》い男《おとこ》のコって 仲良《なかよ》くしようね
また！ やだねー オバン根性《こんじょう》だして それより あとで メガネ屋《や》つきあってくれよ！
あ コンタクトレンズね ハイハイ
ね よく デンワかけてた人《ひと》 あの人《ひと》ですか？
ん？ まあね…
恋人《こいびと》なんでしょ!? 美人《びじん》ですねー いつ知《し》りあったんですか？ どこで？
いーの！ コドモはそーいうこと 気《き》にしなくて！
ちょめ ちょめ
きゃー
それより ほら！ あれを見《み》てくれよ

これ…おれ?
そうさ!
SKYWALKER
こんな感《かん》じなのか…へえ…知《し》らなかった…
なっ?いいカオしてンだろ

伊部《いべ》さん おれ…
ほんとは あの時《とき》 3年《ねん》になったら 棒高跳《ぼうたかと》び やめたい と思《おも》ってたんです
続《つづ》けてても ただ苦《くる》しい ばっかりで…
佐五《さー》先生《せんせい》に もう一度《いちど》がんばって 助走《じょそう》のスピードを 上《あ》げるようにしてみろ っていわれて…
冬《ふゆ》の間中《あいだじゅう》 筋力《きんりょく》トレーニング して…こないだ 初《はじ》めて跳《と》んだら かなり記録《きろく》が のびたんです
へえ! そりゃ よかったじゃないか
でも…そんなこと より—— 何《なに》より…
この写真《しゃしん》見《み》たら …おれ やっぱり やっててよかったなあー って思《おも》う…

ありがとう 伊部《いべ》さん
おれ 今度《こんど》はもっと ちがう気分《きぶん》で 跳《と》べるん じゃないかって 気《き》するんです
そんなー… お礼《れい》いいたいの こっちのほう だよ！
そうさ フライ・ボーイ
だってさー これ いっしょにやった 奴《やつ》らなんかさ
おれの腕《うで》より モデルがいいからだ っていうんだぜー
おれは ぁの 長島《ながしま》のホームランを 忘《わす》れるとこだったよ
空高《そらたか》く 白《しろ》い雲《くも》に 吸《す》いこまれていった ホームラン・ボール

君《きみ》が思《おも》い出《だ》させてくれたんだ
——いつか
忘《わす》れそうなことがあったら
そしたら また
ヒラリと飛《と》んで
見《み》せてくれ

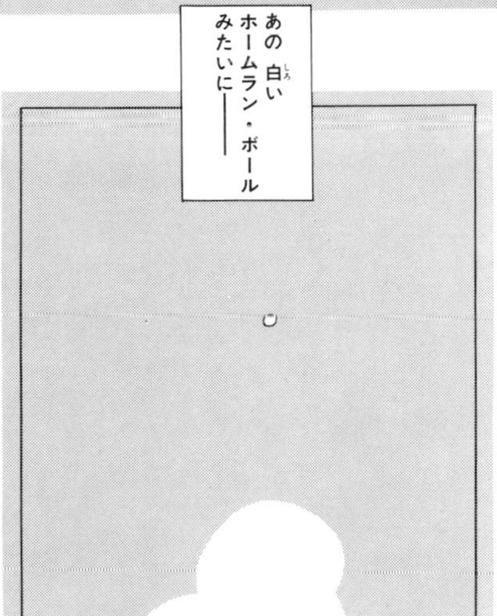
あの 白《しろ》い
ホームラン・ボール
みたいに——

1984年別冊LaLa WINTER号に掲載

BANANA FISH ANOTHER STORY——完——

●エッセイ　アッシュ・リンクスは二度死ぬ!?

岡田斗司夫

『BANANA FISH』は誰もが疑いようもない名作だ。ラストではアッシュが解放され、この解説が載る番外編では、その後のエピローグが情緒豊かに描かれている。しみじみと「ああ、終わったんだなぁ」と感慨に浸《ひた》ることもできる。

連載時には「どうしてアッシュを殺してしまうの!?」といった熱い意見も、ファンの間で多かっただろう。しかし文庫版で読み返した今、」「やはりこの終わり方しかない。アッシュも幸せな気分の中で死ねて本当に良かった。こういうのも、ハッピーエンドかも」などと思っている人も多いのではないだろうか。

が、ここで安心してはいけない。

まんが界やアニメ界には思わぬ落とし穴が待ち受けている。それは「続編」という名前でやってくる。

吉田秋生先生が、『BANANA FISH』の続編を描くわけがない、と考えているだろう。が、君達はまだ若い。「この作品だけは、続編など描かれない。描ける訳がない、描いては前作が台無しになる」と考えられていた過去の名作のいかに多くが、続編と言う名前で描き続けられたことか。
僕はイヤと言うほど見てきたのだ。
例えば『巨人の星』。これは、僕の世代では、君たちの『BANANA FISH』に匹敵《ひってき》する青春のメモリーだ。ラストは、幼い頃から父を越えろとしごき上げられた主人公・星飛雄馬が、彼の投手生命である左腕と引き替えに、野球史を塗り替える魔球・大リーグボール3号を完成させ、パーフェクトゲームを達成。それっきり世間から姿を消し伝説となる、というものだ。さすが、名作中の名作、大感動、涙、涙のラストだった。
この名作に、続編が作られてしまったのだ。しかも、始まり方は、実は星飛雄馬は右利《き》きだった、というマヌケなものだった。
オレ達の感動って何だったの？
『デビルマン』も、大感動のラストだった。人類とデーモンの最終戦争で、たった一人生き残ったサタン・飛鳥了が、主人公デビルマン・不動明の死体に優しく語りかけるという感動と震撼《しんかん》のラスト。これが、のち『バイオレンスジャック』として蘇《よみがえ》ってしまう。しかも、夢落ち。『バイオレンスジャック』のストーリー自体が、一人残されて寂しがっている飛鳥了の夢だったというオチだったのだ。
オレ達の感動は（以下略）。
他にも枚挙《まいきょ》にいとまがない。『宇宙戦艦ヤマト』『エースをねらえ』『2001年宇宙の旅』

『機動戦士ガンダム』『ブレードランナー』。
作品が名作であればあるほど、ラストが感動的であればあるほど、続編は作られ、結果的に僕達の感動を裏切ってくれるのだ。
だけど『BANANA FISH』は完全に終わっている。この本に収録されている『光の庭』でも、英二やシンが「アッシュが死んで7年」と言ってるじゃないか。続編が作れるわけがない！　と考えるかも知れない。が、君たちはまだ若い。続編の落とし穴は、あらゆる理屈をくぐりぬけるのだ。

ではここで、君たちの為に、少し解説してみよう。
続編には3種類ある。
A―番外編や、サイドストーリー
B―別人編
C―実は生きていた編
このうち、Aはこの本のような、本編の感動を裏切らない、余韻を楽しめるものだ。ファンにとっては、思いがけないオマケの楽しさにあたる。
問題はBとCだ。
盲点なのはBだろう。

突然、アッシュとそっくりな人物がニューヨークのダウンタウンに現れる。騒然とするストリートキッズ達。だが別人。英二やシンは驚きつきまとう。そっくりさんは、どこへ行っても比べられたり、いきなり襲われたり、慕われたりでうんざり。おれはアッシュとは別人だ！　と反発。そんなところへ、ホワイトハウスがバナナフィッシュの調査に乗り出す。残った人物をしらみつぶしに調べ上げ、しめあげて、データを収集しようというのだ。当然狙われる、そっくりさん。運命やいかに！

そっくりさんが、なぜ似ているかは、いくらでもあとで説明がつく。実は双子だった。異母兄弟だった。アッシュの隠し子だったなんていうのも、ＯＫだ。「理屈と膏薬《こうやく》は、どこにでもつく」という諺《ことわざ》を甘く見てはいけない。

が、何と言ってもダメージが大きいのは、Ｃ－実は生きていた編、だ。

実際に、骨になって焼けるところを見てすら、本当に死んだかどうかは疑わしい。その骨は別人かも知れない。油断大敵だ。

ラスト直後のコマでは、死ぬ直前に改心したシンの兄が呼んだ救急車が来ているかも知れない。そうして、いつもの医者が感心するタフさで、アッシュは生き延びたかも知れないのだ。

そして、彼は表向き死んだことにされ、知り合いからは引き離され、軍の殺人マシンとして生まれ変わり、湾岸戦争で大活躍したかも知れないのだ。で、再登場シーン。過去の記憶を消され、人間の心を無くし、ものすごく強くなったアッシュが、一撃でブランカを倒すというところから始まるかもしれない。「前作で最大の敵を、一撃で倒す」、これは続編の定番だ。
考えてもみてくれ。コルシカ人財団は、マンハッタン計画(第二次大戦の原爆製造計画)以来の可能性を持つ兵器として、バナナフィッシュを開発したのだ。バックアップしていたのはアメリカ政府。国の命運が懸かっている。アッシュやゴルツィネが死んだり、研究所が焼けたくらいで諦めるわけはない。
「ニューズウィーク」だって黙ってはいないだろう。今世紀最後の特ダネだ。あの事件の後、大々的にキャンペーンを張り、大統領の一人や二人交代してるに違いない。そこに新たな陰謀は発生する。
そう、物語はいくらでも転がり続け、理屈と膏薬はどこにでもつくのだ。
いや、こんなことを書いたからといって誤解しないでくれ。別に僕は続編を望んでいるワケじゃない。
「厄《やく》落し」という言葉がある。あらかじめ縁起の悪いことを自分で言ったりやったりして、本当にそんなことが起こらないように祈る、という古人の知恵だ。
「ひょっとして、こんな続編が」
「あ、こうやったらアッシュは生き返れる」

こういうコワいことをあらかじめ考えておきさえすれば、続編なんて生まれないに違いない。キリマンジャロの頂上のヒョウを生き返らせようなんて、悪趣味なだけだ。
『BANANA FISH』は終わった。だからもう一度、最初から読み直してみようか。

岡田斗司夫

一九五八年、大阪府生まれ。作家、プロデューサー、(株)オタキング代表取締役。ガイナックス社長時代に『王立宇宙軍』『トップをねらえ』『プリンセスメーカー』などを手がける。著書『ぼくたちの洗脳社会』(朝日新聞社)『オタク学入門』(太田出版)『東大オタク学講座』(講談社)。
E-Mail:GFG04070 @niftyserve.or.jp

小学館文庫

BANANA FISH ANOTHER STORY

1997年12月10日初版第1刷発行
2020年11月20日　第41刷発行

著者 ―――――― 吉田秋生
©Akimi Yoshida 1997

発行者 ―――――― 細川祐司

印刷所 ―――――― 凸版印刷株式会社

発行所 ―――――― 株式会社　小学館
101-8001　東京都千代田区一ツ橋2-3-1

TEL　販売　03-5281-3556
編集　03-3230-5456

編集人 ―― 毛利和夫　編集協力 ―― 小学館クリエイティブ

ISBN 4-09-191182-X